CARTAS
A UM JOVEM
ECONOMISTA

GUSTAVO FRANCO

CARTAS A UM JOVEM ECONOMISTA

EDIÇÃO AMPLIADA E ATUALIZADA

Copyright © 2022 por Gustavo H. B. Franco

Todos os direitos reservados. Nenhuma parte deste livro pode ser utilizada ou reproduzida sob quaisquer meios existentes sem autorização por escrito dos editores.

preparo de originais: Sheila Louzada

revisão: Hermínia Totti e Pedro Staite

projeto gráfico e diagramação: Miriam Lerner | Equatorium Design

capa: DuatDesign

foto de capa: Leo Aversa

impressão e acabamento: Associação Religiosa Imprensa da Fé

CIP-BRASIL. CATALOGAÇÃO NA PUBLICAÇÃO
SINDICATO NACIONAL DOS EDITORES DE LIVROS, RJ

F895c

Franco, Gustavo

Cartas a um jovem economista / Gustavo Franco. - 1. ed. - Rio de Janeiro : Sextante, 2022.

192 p. ; 23 cm.

ISBN 978-65-5564-468-5

1. Economistas. 2. Orientação profissional. 3. Sucesso. I. Título.

22-78929

CDD: 330.092
CDU: 330.331.548

Meri Gleice Rodrigues de Souza - Bibliotecária - CRB-7/6439

Todos os direitos reservados, no Brasil, por
GMT Editores Ltda.
Rua Voluntários da Pátria, 45 – Gr. 1.404 – Botafogo
22270-000 – Rio de Janeiro – RJ
Tel.: (21) 2538-4100 – Fax: (21) 2286-9244
E-mail: atendimento@sextante.com.br
www.sextante.com.br

Sumário

1. Nosso assunto, o almoço — 7
2. Como se faz um economista? — 17
3. A minha introdução à economia — 25
4. O rapto da deusa Clio — 39
5. Da torre de marfim para Brasília — 53
   Anexo: Você é populista? — 69
6. O sonho de qualquer economista — 73
7. A mãe de todas as polêmicas — 89
8. A planície — 111
9. Nosso teatro global — 121
10. Os economistas estão em crise? — 139
11. Unicórnios e o futuro do dinheiro — 153
12. Cinco lições de Edmar Bacha — 171
13. Sua missão na vida: Gabriel e a montanha — 181

Glossário auxiliar — 187

1
Nosso assunto, o almoço

Prezado(a),

Nossa profissão não é fácil de explicar.

Note, para começar, que fazer economia, ou *economizar*, tem muito pouco a ver com o que faz o economista.

O verbo, de fato, confunde o substantivo.

Na verdade até atrapalha, pois muitos de nós, inclusive, são adversários da parcimônia e até mesmo hostis à noção de que o ato de poupar constitui manifestação de virtude. Embora muitos economistas estejam do lado das formigas, enxergando na previdência e na frugalidade as chaves para um futuro tranquilo, tanto no plano individual como para a prosperidade de uma nação, talvez a maior parte esteja com as cigarras, e esses são, não por acaso, os preferidos de políticos e de empresas de engenharia.

O célebre economista inglês John Maynard Keynes (1883-1946), um dos maiores que já existiram, gostava mesmo de se destacar entre esses. Em meio à chamada Grande Depressão (a crise de 1929), ele chamou muita atenção para si ao argumentar que se todos resolvessem, ao mesmo tempo, *economizar* mais, e portanto gastar menos, o resultado seria mais recessão e mais desemprego. Era o contrário do que as pessoas esperavam ouvir naqueles dias sofridos: em uma famosa fala pelo rádio, em 1931, ele gerou muita controvérsia ao dizer que a cada 5 xelins poupados, era mais um desempregado.

Bem, isso tudo talvez lhe soe familiar, pois quando o Brasil começou a experimentar os efeitos da grande crise de 2008, o presidente da República exortou nossos consumidores a seguirem firmes em suas compras e crediários. Ia ser uma "marolinha", segundo seu prognóstico. Os gastos públicos foram elevados e o ministro da Fazenda, a cada 10 palavras, esmerava-se em usar a expressão "política anticíclica", como se estivesse usando um terno meio extravagante que ficou muito tempo no armário, uma roupa de estimação, meio fora de moda, mas que ele estava ansioso para usar. Alguns economistas criticaram, outros nem tanto. Aprende-se na faculdade que construir pirâmides, armar exércitos ou comprar café para tacar fogo, como fizemos aqui no Brasil nos anos 1930, *podem* representar soluções para se tirar uma economia de uma recessão profunda. Contudo, nada disso é muito próprio para tempos normais. Nunca perca de vista que os grandes desperdícios de dinheiro público, em geral, só servem para piorar as coisas, a despeito de seus efeitos expansionistas e dos empregos diretos e indiretos que criam em um primeiro momento.

A ideia de que abstinência em gastar, sobretudo quando generalizada, *pode* ser prejudicial à economia está entre as inúmeras situações nas quais o resultado coletivo de ações individuais bem-intencionadas *pode* ser negativo para a comunidade. Os economistas adoram essas coisas. Na verdade, o mundo do economista é exatamente esse fascinante e complexo território repleto de paradoxos e polêmicas, na franja entre a psicologia de massas e a patologia social, onde habitam as multidões ensandecidas no interior de "bolhas", que é como designamos os episódios de irracionalidade financeira coletiva (você saberá do que se trata quando enxergar um desses), nas quais as pessoas usam as fórmulas mais variadas para (não) fazer cálculos e responder a incentivos. É nesse estranho lugar que se entende – ou não – como a nossa espécie se organizou e evoluiu, ainda que de forma heterogênea, de modo a produzir um progresso material nada menos que fabuloso, sobretudo nos dois séculos posteriores ao XIX, que os países "emergentes" tanto se esforçam para emular.

O raciocínio de Keynes, reinventado a cada recessão, em toda parte, se tornou uma espécie de clássico. Cada pequena demonstração de que o coletivo não se comporta como um indivíduo, ou de que o senso comum conduz a enganos, tanto na macro como na microeconomia, funciona como um pequeno manifesto a favor do conhecimento especializado nessa disciplina, ou um sinal de que, na ausência dos profissionais de economia, as pessoas comuns estariam quase sempre desamparadas diante de fenômenos macro sem nenhuma lógica aparente – como depressões e hiperinflações. Isso para não falar das decisões sobre finanças pessoais, que podem ser um tanto complexas, sobretudo se você for muito "keynesiano" nas suas despesas.

A economia não é um assunto fácil nem intuitivo. E os economistas, para piorar, tornam a coisa simplesmente indecifrável, parecendo gerar complicação desnecessária com vistas a confundir. Parte disso tem a ver com o vocabulário, um problema para qualquer forma especializada de saber. O jargão funciona como andaimes que levam o pensamento a pontos mais altos do que alcançaria se ficasse apenas na ponta dos pés. É útil, mais do que isso, talvez, mas afasta da conversa quem não é do ramo. As explicações ditas "populares" costumam induzir a erro, lamentavelmente, pois a maior parte dos conteúdos da economia não é composta de temas que "qualquer pessoa é capaz de entender". Acostume-se: não há explicações simples para a maior parte dos grandes assuntos dessa profissão.

Outro problema é que as pessoas desconfiam, sobretudo se a explicação é muito curta. Se você dá respostas rasteiras com frequência, não se engane com a aparente condescendência do distinto público: vão duvidar da profundidade do seu conhecimento. É sempre bom falar um pouquinho de javanês.

Quero voltar a esse riquíssimo tema da comunicação entre os profissionais da disciplina e seus predadores naturais em outra ocasião, quando você já tiver entendido melhor o que o economista faz. Este é, aliás, o nosso primeiro tema fundamental, e o assunto desta carta: o que, afinal, faz o economista?

Para responder a essa pergunta vamos, em primeiro lugar, dar um passo para o lado. Vá se acostumando, isso é típico da profissão, como você verá repetidamente ao longo desta nossa correspondência. Vamos abordar o problema em etapas, ou seja, para explicar o profissional, vamos começar pelos assuntos de que ele se ocupa.

Não há dúvida de que a economia é o assunto mais antigo do mundo, pois trata da preocupação do ser humano com o seu conforto material. Se nossa espécie não tomasse como central o desafio de melhorar suas condições de vida, talvez ainda vivêssemos em cavernas. Não obstante espiritualistas e místicos, que nos atribuem razões transcendentais, a motivação econômica – incentivos, para usar a linguagem especializada – é o que move a humanidade, todo mundo pensa nisso tanto quanto naquilo.

O assunto pode ser antigo, mas a profissão é nova. Surgiu precisamente no século XVIII, quando a vida econômica foi se tornando mais complexa que em qualquer outra época anterior. Não era mais possível que a sua prática, assim como a sua teoria, ficasse confiada a filósofos que eram também astrônomos e alquimistas, ou seja, cientistas *em geral*. O ponto de inflexão foi o ano de 1776, quando Adam Smith (1723-1790) publicou um livro extraordinário, ainda hoje uma delícia de leitura, conhecido pelo título abreviado: *A riqueza das nações*. Smith foi, além de tudo, um campeão da boa escrita.

Cerca de um século antes, Francis Bacon (1561-1626), talvez o maior sábio de seu tempo – e que, segundo muita gente, também escreveu extraordinárias obras sob o pseudônimo "William Shakespeare" –, afirmou que *todo o conhecimento deveria residir em um homem só*. Era como se a sabedoria nada ganhasse com a especialização e um único sábio devesse concentrar *toda* a ciência da época. Essa "teoria" se mostraria inapropriada para os tempos que vieram a seguir, mas talvez fosse nada mais que uma espécie de lenda, como a conjectura segundo a qual Bacon teria escrito *Hamlet*, *O rei Lear*, *Macbeth*, *Otelo* e 30 e tantas outras peças de teatro.

Mas a teoria baconiana não era tão tola em 1776, quando Smith demonstrou em seu livro, entre tantas outras coisas, que o assunto já estava suficientemente complicado e precisava ser confiado a especialistas. Alguns séculos depois, com o advento das redes sociais, cresceu brutalmente a hostilidade em relação a especialistas, os economistas incluídos. Vamos voltar a esse assunto várias vezes em nossa correspondência.

Eram vastas as implicações morais das novas ideias trazidas por Smith, que até hoje causam polêmica: *A riqueza das nações* não era propriamente um manifesto a favor do egoísmo, mas, curiosamente, serviu para conferir racionalidade e funcionalidade ao dever de cada um de nós de zelar pelo que é seu e procurar o melhor para si. A lição de Smith continua muito atual e se apresenta amiúde através de uma passagem clássica:

> *Não é da bondade do açougueiro, do cervejeiro ou do padeiro que podemos esperar o nosso jantar, mas da consideração em que eles têm o seu próprio interesse. Apelamos não para sua humanidade, mas para o seu egoísmo, e nunca lhes falamos de nossas necessidades, mas das vantagens deles.*[1]

Há algo parecido logo no começo do imensamente bem-sucedido *Freakonomics*, livro de Steven Levitt e Stephen Dubner publicado no Brasil em 2005: "O moralismo representa a forma como as pessoas gostariam que o mundo funcionasse, enquanto a economia representa a forma como ele *realmente funciona*."[2] Só é preciso entender os incentivos, o que parece ter o condão de tornar a nós, seres humanos racionais, ainda piores aos olhos do politicamente correto. É o mesmo que nos diz Ambrose Bierce (1842-1914?), famoso escritor, jornalista e polemista americano, em seu impagável *O dicionário do diabo*, no verbete "cínico", para o qual oferece a seguinte definição: "Patife cuja visão defeituosa lhe faz ver as coisas como elas são e não como elas deveriam ser."[3]

---

[1] Adam Smith, *Inquérito sobre a natureza e a causa da riqueza das nações*. Lisboa: Fundação Calouste Gulbekian, 2006. Tradução de Teodora Cardoso e Luís Cristóvão de Aguiar.
[2] Steven D. Levitt e Stephen J. Dubner, *Freakonomics: O lado oculto e inesperado de tudo que nos afeta*. Rio de Janeiro: Campus, 2005, p. 15. Grifo meu.
[3] Ambrose Bierce, *O dicionário do diabo*. Porto Alegre: Mercado Aberto, 1999, p. 69.

Tenha claro, por favor, que não há problema nenhum em atacar a sabedoria estabelecida através de paradoxos – isso é uma espécie de vício de origem para nós. Mas não perca de vista que ir contra o senso comum é um esporte radical: há muito risco e, se você errar, vai acabar no hospital. Sempre será necessário provar o que você diz, e costuma ser difícil. Lembre-se, não é porque uma afirmativa é paradoxal que será verdadeira, mesmo entre economistas. Não inverta a lógica da coisa, é um erro de principiante. A verdade não aparece sempre de forma contraintuitiva. Pode ser mais divertido, mas não é tão comum. Muito cuidado ao atacar a sabedoria estabelecida, pois, na maior parte dos casos, você estará errado. Lembre-se de que o conhecimento que você herda se estabeleceu a partir do trabalho diligente de muitos como você e eu, depois de anos e anos de tentativa, erro e decantação. Melhor não trabalhar com as chances de você fazer uma contribuição científica espetacular ao longo de seu curso de graduação, especialmente durante uma prova; lamento informar que a probabilidade é insignificante.

Não fique triste, por favor, estou aqui para lhe dizer como as coisas realmente são, e não como deveriam ser, ok? Os economistas não são bons de textos motivacionais, os grandes clássicos da autoajuda vêm de outras profissões. Acho que somos muito competitivos e ciumentos, ou sinceros demais, para esse gênero.

Mas é claro que você sempre pode fazer um tuíte dizendo qualquer coisa, sobre qualquer assunto complexo, e ter centenas de milhares de curtidas, e se você o fizer seguidamente será um "influenciador" e terá muito mais seguidores que qualquer economista acadêmico consagrado. Esse é o planeta da pós-verdade, em que ficou mais difícil convencer os jovens a estudar.

Muitos anos ainda se passariam, depois de Adam Smith deixar este mundo, até que a nova disciplina ganhasse definições mais precisas. A mais famosa, ou talvez a mais popular entre nós, tem como autor um professor inglês não tão conhecido, Lionel Robbins (1898-1984): a economia é a ciência que estuda *o uso de recursos escassos para fins alternativos*. Muita gente já começa a implicância com a ideia de que estamos tratando de uma *ciência*, outro assunto polêmico para discutir com calma mais adiante. Estamos falando aqui, na verdade, de conhecimento especializado, nada mais. Vamos falar sobre ciência adiante, em muitos outros contextos. Por ora basta ter clareza sobre nosso *objeto* de estudo: a escolha ou, melhor dizendo, as escolhas difíceis, onde há risco, ou quando as alternativas têm custo, ou quando existem incentivos diferenciados conforme as possibilidades. E as escolhas mais interessantes, aquelas que fornecem temas de estudo para o economista, são aquelas em que, conforme o exemplo consagrado, o sujeito precisa decidir se quer o almoço ou o dinheiro. Essa é uma escolha nada trivial porque não é possível escolher *ambas*, ou seja, *não há almoço grátis*. Não se pode ter e comer o bolo ao mesmo tempo.

Se eu tivesse que eleger uma espécie de *motto* para a profissão, nossa frase predileta, nosso lema, não creio que encontrasse algo melhor. Há outras possibilidades boas, ainda que diferentes no escopo. Não desgosto de "o capital é uma relação social", mas reconheço que é meio marxista demais, talvez fora de moda. Gosto também de "a moeda é uma instituição" (de John Hicks, entre muitos outros), mas Joseph Schumpeter (1883-1950), grande economista austríaco com reputação de playboy, disse que isso não significa nada, pois o casamento também é.

Sendo assim, vamos ficar com o almoço, valendo observar que Machado de Assis possui uma fala de mesmo sentido (apenas lembrando que no centro do Rio de Janeiro há, sobre uma colina, uma igreja devotada a Nossa Senhora da Glória; ver Figura 1): "Todos querem ir à Glória sem pagar o bonde."

São inúmeros os corolários dessa simples e poderosa ideia, de aparência banal mas de imensas implicações; os exemplos nos tomariam várias cartas. O mundo a sua volta está repleto de pequenos e complexos desafios e de pessoas inteligentes que reagem a incentivos de forma calculada e nada evidente. É espantosamente grande a latitude dos temas e fenômenos que os economistas podem cobrir se valendo de suas ferramentas e que têm a ver com escolhas sofisticadas motivadas por incentivos econômicos. Geralmente chamamos de microeconomia a família de modelos e análises que tratam de indivíduos e pequenos grupos, e é nesse terreno que o fenômeno da escolha se apresenta de

Figura 1: Igreja de Nossa Senhora da Glória do Outeiro, no Rio de Janeiro. Em uma crônica de 1º de junho de 1888, da série Bons Dias, Machado de Assis ironizava pessoas que estavam nas "festas abolicionistas" e que demandavam reconhecimento, a despeito de nada terem feito pela causa, como notava o cronista. Seu comentário: "Em linguagem chã, todos eles queriam ir à Glória sem pagar o bonde; creio que fiz um trocadilho." *Foto: Marc Ferrez/ Coleção Instituto Moreira Salles / Wikimedia Commons.*

forma mais instigante. Os iniciantes na profissão são expostos a versões meio apalermadas da espécie humana em modelos em que um ou mais "agentes econômicos maximizam utilidade", e para isso se usa o cálculo diferencial. (A expressão "agentes econômicos" irritou o país inteiro por ocasião do Plano Collor, em 1990, pois era como a ministra da Economia, Zélia Cardoso de Mello, se referia a nós, cidadãos e cobaias.) Esse é o famoso *Homo economicus*, criatura simples atribuída a Adam Smith – e você terá muitas oportunidades de julgar se a caricatura tem serventia.

Para terminar, pois não quero que esta nossa primeira carta fique muito longa, queria lhe dizer que, em última instância, nosso assunto é o modo como agem os *conjuntos de pessoas* quando se trata de decisões que afetam suas condições materiais de existência. O assunto mais nobre, ou ao menos o mais popular para nós, economistas, é o *coletivo*. Trata-se aqui do comportamento econômico dito *social*. Não no sentido canhestro que lhe deu o ex-presidente José Sarney, com o seu "Tudo pelo social", o lema de seu governo: a ausência de limites para certo tipo de gasto público, postura que nos levou à hiperinflação. Tampouco se trata do "social" de Ibrahim Sued, o patrono do colunismo social e da glorificação do *society*. O "social" aqui tem o mesmo significado que tem na sociologia e na ciência política, isto é, *a lógica da ação coletiva*, ou o comportamento grupal, que revela uma racionalidade própria do grupo, que, por sua vez, não é apenas a soma de seus indivíduos, é algo bem maior, e portanto muito diferente. Vamos começar a tratar disso em nossa próxima carta.

2

Como se faz um economista?

Prezado(a),

Depois das definições básicas de praxe, e antes de introduzir muito mais provocações sobre os assuntos que unem e desunem os economistas, além de revelações que são feitas apenas aos verdadeiramente iniciados, quero lhe propor um pequeno exercício de introspecção que consiste em *reconhecer se há um economista em você*. É bom fazermos isto de uma vez, para que você não tenha dúvidas sobre o que vem a seguir. Afinal, estamos tratando da sua dúvida vocacional. Quero lhe falar sobre as partes componentes desse profissional, e uma boa maneira de começar é com uma história pessoal.

    Lembro que, quando era criança e me perguntavam qual seria minha profissão, eu dizia sem pestanejar: arqueólogo! A resposta tinha que ver com uma coleção de livros infantis sobre temas científicos, entre os quais a capa mais bonita era a do volume que mostrava um belo retrato da famosa máscara mortuária de Tutankamon. Mas logo mudei de ideia ao ouvir que os arqueólogos que "violaram" a tumba do jovem faraó estiveram sujeitos a uma maldição. Um morreu de um acidente obscuro, outro de uma doença estranha, em uma sucessão de coincidências que foi compondo uma lenda e que era reforçada por uma inscrição na entrada do túmulo. O principal arqueólogo do grupo, o Dr. Howard Carter, teria sido "condenado" a permanecer o resto da vida procurando relíquias no Egito.

A história me assustou e serviu para me afastar da arqueologia, para a alegria de meus pais, que, naturalmente, desejavam para mim uma profissão mais convencional. Com o tempo, todavia, fui mudando de opinião, pois o Dr. Carter tinha sido "amaldiçoado" a permanecer toda a sua vida fazendo aquilo de que mais gostava. Ora, que raio de maldição era aquela, uma paixão que o acompanharia pela vida, exigindo sacrifício porém dando em troca prazer e plenitude?

Mas foi com a conversa sobre a maldição que acabei procurando uma profissão de arquitetura aberta, muitas especialidades e a possibilidade de ganhar muito dinheiro, uma vez que essa era a fonte de ansiedade dos meus pais. Aliás, acho que eles também estavam enganados em pensar que essa carreira levava as pessoas à riqueza; não é bem assim. Vamos voltar a esse tema adiante.

Talvez tenha sido esse pequeno trauma que me levou à história econômica, meu campo de especialização. Mas tenho outros bons motivos, como espero poder lhe apresentar mais à frente. Vamos voltar à sua dúvida vocacional.

Tudo começa com uma curiosidade básica sobre como *realmente* funcionam as coisas. Claro que, se o que desperta a sua atenção são aparelhos elétricos, pontes, usinas e navios, ou se você é do tipo que lê os manuais de instrução, talvez seu destino seja a engenharia. Só mesmo um legítimo engenheiro para ler os manuais cada vez mais detalhados que acompanham tudo o que se compra. É bem verdade que os aspirantes a advogados leem os "termos de serviço" e o pessoal da área médica lê as bulas dos medicamentos.

Mas e você (e eu), que não gosta(mos) de nada disso?

Porém não se engane, no seu caminho de economista haverá muitos manuais – é assim que chamamos os livros-texto, a maior parte chatíssima, mas imprescindível. E não há nada de errado com o parentesco com a engenharia. Pelo contrário: foi onde alguns dos melhores economistas começaram a vida profissional, como os ex-ministros da Fazenda Mario

Henrique Simonsen e Pedro Malan, para citar apenas dois, que, aliás, nasceram no mesmo dia, 19 de fevereiro. Não sei o signo, não vamos nem chegar perto desse assunto, pois a data é pura coincidência, só lembrei porque era também o aniversário de meu pai, que não era economista nem engenheiro e não acreditava em horóscopo.

As duas profissões coexistem e se interpenetram de forma cada vez mais intensa em temas como logística, pesquisa operacional, economia das redes, engenharia de produção e mesmo no mercado financeiro, em que muitas casas preferem recrutar engenheiros do IME (Instituto Militar de Engenharia) e do ITA (Instituto Tecnológico de Aeronáutica) porque têm formação melhor em métodos quantitativos. A explicação para isso, à *la Freakonomics*, é simples: independentemente da carreira que a pessoa escolheu na graduação, é melhor contratar alguém que entrou para um curso em que a relação candidato/vaga era de 100 para 1 do que outra que se formou numa carreira em que a proporção era 3 para 1. O raciocínio, não de todo despropositado, é que em muitas ocupações o sujeito vai aprender as coisas de fato no emprego, onde terá treinamento específico, podendo assim virar astronauta, piloto de combate ou especialista em derivativos. Há muitos ex-futuros engenheiros e médicos trabalhando como economistas. Foi esse mesmo raciocínio que motivou a mudança no ciclo básico da PUC e colocou a garotada para estudar cálculo diferencial e integral nos primeiros semestres: talvez você nunca mais use essas ferramentas, mas se não for capaz de passar por isso, não era para estar ali.

Temos aqui um ponto a favor do sistema universitário americano, em que ninguém pode ser chamado de economista antes de completar o doutorado. Nos Estados Unidos, você não se forma *economista*, mas bacharel em algo meio vago como "artes liberais", ou seja, você tem uma boa educação genérica e apenas uma leve especialidade, nada mais. E quase nunca precisa estudar uma matéria de que não goste ou ache, na sua infinita sabedoria juvenil, que não vai precisar. Com isso, sua formação é mais "peso leve". Ninguém sai pronto da faculdade, seja economista, advogado ou médico. *A profissão é definida na pós-graduação*. É quando vem a verdadeira ralação, as noites em claro e a sua sagração – ou desistência.

Nas carreiras ditas "aplicadas", a etapa seguinte à graduação é um mestrado, que dura um ano e meio ou dois, com uma pequena dissertação ao final do curso. É o caso de Direito, Administração de empresas e Diplomacia, por exemplo. Nas carreiras ditas "acadêmicas", a pós-graduação é o doutorado (Ph.D.), que é raro em Direito ou Administração. (Não são profissões de muita teoria. Conheci certa vez um australiano que fazia um Ph.D. em Administração em Harvard; ele dizia que era como passar o tempo escrevendo sobre sexo.) Já em economia, como em outras ciências sociais e humanas, você precisa de um doutorado para ser alguém *quando se trata de carreira acadêmica*. Se você for para o mercado financeiro, ou para a administração pública, o normal é que faça cursos de extensão e especialização, pois nesta trajetória está no terreno da *economia aplicada*, ou seja, em ocupações em que vai operar as máquinas e não projetá-las. Na verdade, o trânsito de uma área para outra pode ocorrer em vários momentos da carreira. Eu comecei na academia e depois migrei para a vida prática; não há dúvida de que esse trajeto é mais fácil que o caminho inverso (vamos voltar a isso adiante). Mas não há regras formais que orientem sua decisão sobre a melhor sequência.

Outra característica importante do economista profissional, e aqui me permito um pequeno exagero, relacionado aos paradoxos de que falamos na primeira carta, é certo gosto pelas conspirações ou pelo *lado oculto* das decisões humanas nos assuntos materiais. Quando você começa a enxergar uma *inteligência própria* nas coisas sociais, ou uma lógica que paira acima da consciência individual dos participantes de um grupo, ou quando acha que está vendo motivações econômicas *escusas* em toda parte, em maior ou menor escala, muitas vezes disfarçadas de causas nobres, é porque você está se transformando em um de nós.

Porém é preciso muito cuidado com isso, pois essa tendência pode levá-lo na direção do materialismo dialético, ou da crença em discos voadores, ou da maconha. É preciso cuidado com a revelação, ou com a "denúncia", de que interesses econômicos egoístas explicam a história e não qualquer outra lógica – tal como a geografia – ou mesmo o acaso. O mundo é uma selva, e essa descoberta é perigosa, muitos jovens ficam destrambelhados com isso.

Não obstante a existência de diversas conspirações em andamento, tenha claro que nenhuma delas é simples e que o mundo *não* está dividido entre burgueses e proletários apenas. Há muitas outras clivagens, compreendendo as cada vez mais complexas categorias identitárias, bem como a divisão entre comprados e vendidos, como espero ter a oportunidade de lhe explicar em outras cartas. Não seja paranoico com esses "conflitos" todos, mas lembre-se de que não é porque você não é paranoico que não o estejam perseguindo.

Henry Louis Mencken (1880-1956), grande jornalista americano, tem uma frase que Pedro Malan, em sua época como ministro da Fazenda, não passava um dia sem utilizar: "Para todo problema complexo há sempre uma solução simples, precisa e errada." E os adjetivos variavam: simples, precisa, elegante, politicamente conveniente, historicamente determinada, sociologicamente sensível, aceita pela base governista e errada. Simplesmente errada. A virtude da simplicidade é a mesma do que é barato, e em geral deriva de baixa qualidade, sobretudo no mundo das ideias. Por que você acha que os produtos de grife custam caro?

Outro importantíssimo componente do economista, talvez o mais importante, é a vontade de servir à humanidade, de interferir positivamente nas conspirações que você identificar, usando a força das suas ideias, seus achados e sua capacidade de persuadir outros a fazerem as coisas certas. Claro que isso não é exclusividade dos economistas, mas está presente em muitos deles, e espero que você esteja entre esses. Seu sucesso, se tiver em si tal desejo, nunca será apenas seu, mas terá o tamanho das pessoas que você ajudou, e isso pode ser gigantesco em nossa profissão. Em 1835, na flor de seus 17 anos, Marx escreveu algo assim num ensaio intitulado *Reflexões de um jovem sobre a escolha de uma profissão*: "Esses encargos são sacrifícios pelo bem geral, então não experimentaremos alegria mesquinha, limitada e egoísta; nossa felicidade pertencerá a milhões."

Sei bem que essa fala é meio romântica, quase tola mesmo, pois nada garante que você vai efetivamente melhorar o mundo à sua volta, ainda que tente. Mas a graça da vida é tentar, não é mesmo?

O fato é que o economista possui em seu DNA uma mistura interessante de intelectual engajado, formador de opinião, reformador, evangelizador e pregador, que pode ser do gênero estridente, militante ou manso, pouco importa, e que encontra uma síntese na sublime figura do professor. Vejo aí o mais nobre uso do economista, a função que revela a melhor face desse profissional.

Em menor escala, na sala de aula, nas realizações de seus alunos, pequenas ou grandes, ou nas pesquisas que faz e publica (e que poucos leem), o verdadeiro professor conecta-se com a transcendência, embora sempre de modo tímido e disfarçado. O ambiente de sala de aula raramente permite que essas emoções aflorem. Fato é que há uma dignidade e uma grandeza no ofício de professor e pesquisador que a maioria das pessoas não consegue ver; se você já consegue, é porque seguramente será um dos nossos. Mas não se iluda, professor é como pai de adolescente, só que ganhando menos.

Outro excelente método para testar sua vocação, talvez o mais rigoroso, é observar como você se relaciona com a sua ignorância. Pense na seguinte situação: você recebe o privilégio de visitar a Biblioteca de Babel, a mítica biblioteca infinita criada por Jorge Luis Borges (1899-1986) no conto homônimo, um dos mais populares de sua autoria. O local tem em suas estantes dispostas em galerias hexagonais *todo o saber que existe*, ou seja, você vai ser colocado em contato com uma sabedoria imensa, cujos limites você não enxerga e que, ainda por cima, cresce de forma perturbadora. Na verdade, essa é a sensação quando você entra em uma grande biblioteca universitária, especialmente quando percorre as estantes (nas poucas onde isso ainda é permitido). O seu sentimento com relação à ignorância – de técnicas como de idiomas, de eventos como de personagens – vai se traduzir na sensação de que a sua "lista de leitura" aumenta mais rápido do que você é capaz de ler, o que pode lhe trazer uma sensação de frustração, insignificância ou preguiça e acomodação. Ou, pelo contrário, pode lhe dar excitação com todas as coisas que ainda existem para aprender, ou seja, o objeto do seu prazer fica maior, e não menor, com o tempo. O teste da biblioteca infinita é básico: se você achar que ali é seu lugar, que o prazer da descoberta é tão grande quanto a sua ignorância, e que esta não o incomoda pois você dialoga com ela a todo momento, modifica a sua localização, transita com ela de uma estante para outra e passeia com ela pelos bares onde cada um exibe a sua, ávido por transformá-la, então você é um dos nossos.

Sei que estou fazendo um tanto de romance aqui. Tenho milhagem suficiente em sala de aula para saber que uma pergunta inevitável no primeiro dia de qualquer curso, diante de uma longa e cuidadosamente preparada lista de leituras, em que o professor investiu sua alma e boa parte de suas férias, é sobre quais textos são, de fato, leitura obrigatória. Ou seja, a pergunta verdadeira, e sempre irritante, é: qual o "mínimo" necessário para se livrar daquela lista?

Aprendi a responder docemente que nada é obrigatório. Eles sabem o que significa. Não fica bem dizer mais, e o mesmo pensamento profano sempre me ocorre, uma teoria pessoal, darwinista, neoliberal e difícil de ser desmentida: você vai ser, como economista, *só um pouquinho a mais do que aquilo que você ler*. Ou seja, você não vai muito adiante *na vida* se ficar limitado às leituras obrigatórias, mas você é o dono de suas escolhas e, principalmente, o depositário das respectivas consequências.

Com o tempo, se você mergulhar nas leituras, sobretudo as não obrigatórias, vai ver acontecer um pequeno milagre. Você vai verificar, talvez sem sentir, que adotou sem querer o hábito de começar a ler um novo livro ou artigo pela bibliografia, pois ali você vê as peças que o autor usou como andaimes na sua construção e a que turma ele pertence. Deve lhe tomar alguns minutos para visualizar o esqueleto da construção, que as revistas acadêmicas ajudam a montar na medida em que exigem que cada artigo traga um resumo. Dessa forma você vai sempre poder vislumbrar o "plano" antes mesmo de começar a ler, e aprenderá a trabalhar com o "valor agregado", e assim você será capaz de ler enormes quantidades de livros, as pessoas vão se espantar, e um dia você vai sorrir quando lhe perguntarem: meu filho, você leu isso tudo mesmo? Pois esse pequeno truque, esse "método", é o que está por trás da expressão consagrada de Isaac Newton, "trabalhar sobre os ombros de gigantes". Aprenda com esse monumento da história da humanidade, a frase é dele. Vale repetir, memorizar, talvez escrever no espelho na frente do qual você escova os dentes pela manhã: *ciência é obra coletiva*.

Postscriptum

Um adendo importante sobre leituras, autores e outros conteúdos em inglês. Sei que nem todos têm domínio desse idioma, todavia, quanto a isso, temo que não haja para onde correr. A economia é uma disciplina global, seu objeto é o planeta, e apenas precariamente se pode segregar a parte do mundo onde vivemos, cujo funcionamento não dá para explicar sem considerar o que se faz por aí afora. Vai ser muito difícil ser economista sem falar inglês. Não implique com isso, nem com *Halloween*, nem com a linguagem da internet, ou com estrangeirismos em geral. Acho que já ficou claro, não?

Quando a Academia Brasileira de Letras disponibilizou, em 2021, a sexta edição do Vocabulário Ortográfico da Língua Portuguesa (Volp), atualizada pela Comissão de Lexicologia e Lexicografia da instituição, presidida pelo professor Evanildo Bechara, o total de palavras listadas era de 382 mil, das quais mil eram novas. Dessas "estreantes", uma em cada cinco era de origem estrangeira, casos de *botox, bullying, compliance, coworking, crossfit, delay, home office, live-action, lockdown, podcast, emoji, parkour, jihad, chimichurri*, entre outras.

Intensificado nas últimas décadas pela internet, os estrangeirismos refletem o contato cultural e comercial entre os povos. Mas não se preocupe com o imperialismo linguístico estadunidense ou com o "grau de abertura" do nosso idioma: como na base do Volp, a porcentagem de estrangeirismos no português brasileiro é minúscula, a nossa cultura não está em risco.

Não se alinhe, portanto, ao PCdoB (Partido Comunista do Brasil) ou ao movimento punk nesse assunto. Nem se oponha às trocas entre diferentes culturas. Pense como Fernando Pessoa: sua pátria é a língua portuguesa, mas a cultura é cosmopolita, necessariamente, daí que se lamente, diz ele, que tenha desaparecido o latim como a língua universal da cultura. Ele diz mais: "Um verdadeiro homem só pode ser, com prazer e proveito, bilíngue (…) Devemos transformar o inglês no latim do mundo inteiro." Renda-se logo ao mundo globalizado e resolva esse assunto tanto mais cedo, melhor – é como colocar aparelho nos dentes: será um tormento se você deixar para consertar depois que não tiver mais idade.

3
A minha introdução à economia

Prezado(a),

Depois que lhe escrevi a carta anterior, cujo intuito era compartilhar o encanto que os economistas têm com a disciplina, reencontrei uma dúvida antiga e insolúvel: como é difícil fazer essas sínteses introdutórias! Na verdade, essa é a sensação que habita a mente dos professores de Introdução à Economia, que era para ser o curso mais importante para os novos aspirantes a economistas, mas quase sempre produz certa decepção. Nunca se consegue oferecer uma *miniatura* que represente adequadamente a profissão.

Temos aqui um de muitos casos em que se usa a mesma imagem consagrada de um outro conto de Jorge Luis Borges, "Do rigor na ciência", em que um rei interessado na arte da cartografia mandou que se fizesse um mapa tão perfeito, e que retratasse tão minuciosamente as suas terras, que precisou ser feito numa escala 1 por 1, ou seja, era um mapa que cobria todo o território, como um enorme tapete. A história deixa evidente para o leitor a inutilidade, para não dizer a inconveniência, de uma representação assim tão fiel ao original.

Nessa alegoria, Borges oferece uma metáfora de largo alcance, relacionada mesmo com a ideia de ciência, e que os economistas adoram repetir, pois os mapas, como os modelos econômicos, e como os cursos de Introdução à Economia, *precisam ser miniaturas,* isto é, precisam estar numa escala muito fracionária da realidade a fim de ter serventia. É claro que *simplificamos* o Brasil ao comprimir 8,5 milhões de quilômetros quadrados de extensão territorial em uma página de papel A4, com seus 623 centímetros quadrados. Mas o mapa possui inúmeras utilidades justamente pela simplificação que proporciona, não? Sua virtude não é bem a exatidão, certo?

Os mapas surgem, na história da humanidade, mais ou menos junto com a escrita e com a literatura: seu desenvolvimento tem a ver com ansiedades básicas, sobre quem somos e onde estamos.

Naturalmente, muitas características do Brasil são omitidas na confecção de um mapa. Não é por outra razão que muitos criticam o "irrealismo" dos mapas do nosso país, bem como dos modelos econômicos, principalmente aqueles de características matemáticas mais herméticas. A respeito desse tópico, ficou célebre um texto satírico de enorme circulação em cópia xerox no começo dos anos 1970, intitulado *Life Among the Econ* (A vida entre os Econs), de um economista sueco de nome Axel Leijonhufvud (1933-2022), que tinha adquirido certo prestígio nos anos anteriores por conta de um livro sobre Keynes que o enquadrou entre os chamados "pós-keynesianos". Não era um economista do *mainstream,* como se diz, e talvez por isso mesmo os alunos brasileiros, de viés mais crítico, ficaram excitadíssimos com o texto. Mas ninguém era capaz de pronunciar o nome do autor. Tinha um colega que a ele se referia como o Liebfraumilch, o famoso vinho branco alemão da garrafa azul, barato e muito popular entre estudantes, e que todos sabiam a pronúncia e o preço.

O texto de Leijonhufvud era escrito como se fosse o relatório de um antropólogo que tivesse estado com essa tribo, os Econs, ocupantes de um vasto território ao norte, vagamente definido, e sobre cuja cultura e estrutura social havia apenas evidência fragmentária. A tribo se dividia em castas, briguentas e orgulhosas, também designadas como "campos",

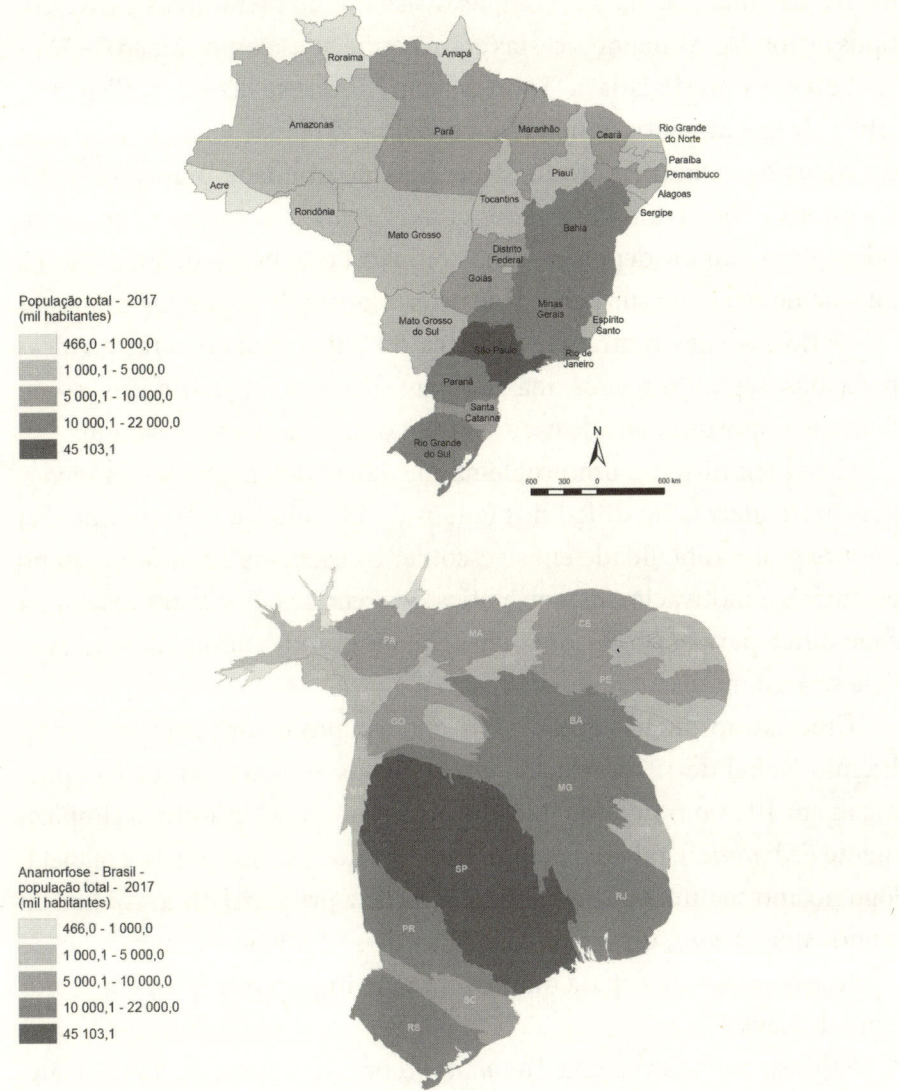

Figura 2: Há mapas de todo tipo. De acordo com o IBGE (Instituto Brasileiro de Geografia e Estatística), um mapa é "uma representação no plano, normalmente em escala pequena", dos aspectos geográficos, naturais, culturais e artificiais de um território. Quando se faz uma "anamorfose", cada território pode ser redesenhado de forma que seu polígono sofra uma deformação proporcional a um tema de interesse. Veja um mapa anamórfico dos estados do Brasil conforme a sua população em 2017. Agora pense no mapa que melhor representa São Paulo. *Mapa: © IBGE – Instituto Brasileiro de Geografia e Estatística, 2022.*

dentro das quais havia um complexo sistema de hierarquias e diversos tipos de totens. As maiores castas eram conhecidas como "Macro" e "Micro", e a mais prestigiada, a "Econ-Matem". Todos se dedicavam à manufatura de uns artefatos designados como "*modls*", essenciais na definição do status de cada membro da tribo, mas de utilidade prática obscura. Os jovens Econs eram designados como "*grads*" e somente eram admitidos como adultos depois de uma complexa cerimônia de iniciação na qual demonstravam sua habilidade no artesanato de *modls*. Os Econs das tribos do planalto central da América do Sul possuíam características parecidas, segundo relatos, mas exibiam diversas singularidades, como teremos a oportunidade de examinar em outras cartas mais adiante.

O reducionismo é um problema inevitável dos mapas e dos *modls*, mas particularmente difícil nos cursos de Introdução à Economia. Há sempre muita dificuldade em se escolher os aspectos ao mesmo tempo essenciais e motivacionais, sob a ótica dos recrutas. Por isso a disciplina é tão difícil para os professores: em geral, os grandes nomes da profissão dela se afastam discretamente.

Uma extraordinária exceção é o lendário professor Paul Samuelson, Prêmio Nobel de 1970, falecido em 2009 aos 94 anos. Samuelson produziu em 1948 um livro de introdução à economia (intitulado simplesmente *Economics*), talvez o mais usado de todos os tempos neste planeta, logo no ano seguinte ao de publicação de sua principal obra, conhecida como *Foundations*, um marco daquela que se convencionou chamar de "síntese neoclássica" e, para muitos, obra tão importante quanto a *Teoria geral* de Keynes.

Samuelson escreveu seus *Foundations* originalmente em 1937, quando tinha 22 anos. Em 1941, com o manuscrito mais avançado, agora como sua tese de doutorado, venceu o prêmio David Wells em Harvard, e publicou-o como livro em 1947. Há poucos exemplos semelhantes de precocidade, exceto talvez em outros campos, como na música ou na matemática, em que alguém é capaz de produzir algo revolucionário com 20 e poucos anos, ou mesmo antes. Mas não se iluda, hein? Se todos os jovens dessa idade acharem que vão reescrever os fundamentos da disciplina, vai ser um caos.

O genial trabalho de Samuelson assinalou um casamento jamais desfeito e cada vez mais rico entre economia e matemática. Entretanto, para que você não tenha ilusões sobre a profissão, saiba que a recepção dos livros de Samuelson no Brasil foi meio tormentosa, tanto o de fundamentos quanto o de introdução, em boa medida pela matemática, que muitos acharam que não passava de uma cortina de fumaça com vistas à "americanização da disciplina", veja só.

A implicância começava pelo título do filme, que, segundo se alegava, revelava distorções e compromissos metodológicos. *Economics* era o título de Samuelson, mas muitos dos locais diziam que não era nada disso e que nossa disciplina deveria se chamar Economia Política. Há muitas nuances nessa diferença, e nunca vou me esquecer da professora Maria da Conceição Tavares, com seu proverbial mau humor e seu indefectível sotaque lusitano, instruindo os seus alunos: "Aqui não se faz iiiiiiconomikss, mas econumia pulítca."

Adicionalmente, a reação negativa à introdução de Samuelson tinha que ver com uma tese antiga e perigosa, pela qual o Brasil é "diferente", muito singular, único em sua "especificidade histórica" e propriedade particular de seus "intérpretes". Nada parecido, portanto, com as caricaturas trazidas por gringos.

Bem, todo mundo tende a simpatizar com a noção de que somos diferentes, sim, mais falantes e cordiais, essas coisas, embora não se saiba com clareza até onde a ressalva pode nos levar. Sei que um exagero nessa direção pode nos conduzir a montar uma igrejinha para professar a tolice de que esta é uma terra que nenhum estrangeiro jamais será capaz de entender e onde nenhuma ciência funciona.

É verdade que os livros-texto estrangeiros perdem muito na tradução, seja pela linguagem, às vezes macarrônica, como a dos dubladores de TV, seja pelos temas e exemplos, sempre relacionados à experiência do público de origem. Mas também é verdade que esses vícios vêm se corrigindo com o tempo, as traduções ganhando adaptações, e volumes brasileiros vão aparecendo.

Mais importante, todavia, é que, especialmente depois do Plano Real, a economia brasileira está cada vez menos "esquisita" e mais alinhada aos paradigmas internacionais, ou aos "cânones da ciência". Não há dúvida de que deveríamos produzir manuais introdutórios "tropicalizados", mas com cuidado para não se construírem falsas "reservas de mercado" para o mesmo saber econômico apenas expresso em diferentes idiomas.

Durante décadas o livro-texto de introdução à economia mais utilizado no Brasil – inclusive o que utilizei quando estudante – foi o de Antonio Barros de Castro e Carlos Lessa, em cujo subtítulo estava a principal mensagem: *Uma abordagem estruturalista*. A obra era o resultado de uma colaboração entre a Cepal – a famosa Comissão Econômica para a América Latina e o Caribe das Nações Unidas, casa de Raúl Prebisch, Aníbal Pinto, Celso Furtado, Maria da Conceição Tavares e de todos os grandes economistas ditos "estruturalistas", que você logo aprenderá que é uma espécie de "esquerda nacionalista" do pensamento econômico latino-americano – e o BNDES (Banco Nacional de Desenvolvimento Econômico e Social), e contava com um prefácio do próprio Aníbal Pinto, que fazia uma diatribe que vale lembrar. Ele se referia de forma crítica a "um importante professor de Harvard e também diplomata", Lincoln Gordon, que teria tido o atrevimento de afirmar que "as diversas formas de arte, literatura e filosofia latino-americanas devem ser bem-vindas mas não deve haver uma *ciência econômica latino-americana*, assim como não deve haver uma física e matemática latino-americanas".

Não sei se esse prefácio ainda acompanha as edições mais recentes do livro. O assunto do imperialismo cultural dos manuais americanos de economia, e da necessidade de abrasileirar esses textos, e de produzir algumas "substituições de importação" aqui e ali, é certamente menos polêmico do que o próprio Lincoln Gordon (1913-2009), que foi o embaixador americano no Brasil entre 1961 e 1966, portanto durante o golpe de 1964, no qual teve certa participação. É uma péssima credencial, mas não vamos perder de vista que ele está coberto de razão ao dizer que não vamos reinventar uma "matemática morena", com validade apenas para o Brasil. Curioso é colocar essa tese na boca de Lincoln Gordon, o que apenas revela o intuito de diminuir a ideia, mas acaba servindo para ensinar que muitas das melhores verdades vêm de fontes aparentemente inesperadas.

A produção de livros-texto locais era um caminho natural para os economistas brasileiros e eu mesmo estive envolvido em um esforço desse tipo, como estagiário e assistente de pesquisa de Edmar Bacha quando ele publicou o seu *Introdução à macroeconomia: Uma perspectiva brasileira*, em 1982, com sucessivas reedições e hoje esgotado. Essa experiência foi muito rica e marcante, vamos voltar a ela mais adiante, a propósito das lições do episódio, conforme recordadas nas festividades dos 80 anos de Bacha em 2022.

Não é possível prever que livro de introdução à economia vai cair em suas mãos no primeiro semestre da faculdade, ou mesmo antes, quando você ainda estará indeciso sobre a escolha de sua profissão e intimidado pelo vestibular ou pelo Enem. Espero que estas cartas o ajudem; não pude contar com nada desse tipo na minha época.

A minha geração ficou particularmente encantada, ao final do curso secundário (atual ensino médio), com a *História da riqueza do homem*, de Leo Huberman (1903-1968), jornalista e economista militante marxista americano que conseguiu, com seu livro, imensamente popular no Brasil, despertar muitas vocações para a economia. Muitos desses convertidos, eu entre eles, cresceram na profissão sem nunca saber que Huberman nos oferecia uma versão açucarada de *O capital* com intuito de doutrinação.

Para a maioria, isso não tinha a menor importância, pois o texto era magnífico. Para outros, foi uma decepção semelhante a descobrir que Lobsang Rampa, pseudônimo de Cyril Hoskins, autor de dezenas de livros sobre o Tibete que encantaram milhões, entre os quais o inesquecível *A terceira visão*, jamais foi monge em qualquer parte deste mundo. Fato é que os determinismos próprios do materialismo dialético, bem como as viagens astrais, parecem agradar às mentes sedentas de explicações simples e conspiratórias sobre todas as coisas.

Mas cada um deve ter a sua história sobre a entrada nessa profissão e o contexto faz toda a diferença. Em 1975, quando estava na condição de candidato a economista, eu não queria adotar nenhuma postura radical, exceto, talvez, a favor da Verdade e da Ciência, como é próprio da idade, mas isso estava muito difícil de se fazer, pois o Rio de Janeiro estava dividido entre escolas que tinham uma identidade doutrinária muito nítida. Não pense sequer por dois minutos que a polarização ideológica é uma novidade.

De um lado, a UFRJ (Universidade Federal do Rio de Janeiro), escola de esquerda, proprietária orgulhosa da "tradição cepalina", contava com quadros do quilate de uma Maria da Conceição Tavares. No outro extremo do espectro, a FGV EPGE (Escola Brasileira de Economia e Finanças da Fundação Getulio Vargas), liderada por Mario Henrique Simonsen, tinha boa parte de seus professores com doutorado na Universidade de Chicago e passagens pelo governo.

Não havia meio-termo.

Felizmente, todavia, foi nessa época que houve uma importante diáspora na FGV EPGE, um desentendimento entre os professores, após a saída de Simonsen, em 1974. Como resultado, um grupo deixou a escola e veio a criar a pós-graduação em Economia na PUC do Rio de Janeiro. Dessa turma faziam parte Rogério Werneck, Francisco Lopes e Dionísio Carneiro, aos quais em seguida se juntaram Edmar Bacha e Pedro Malan.

Era a "terceira via" que eu procurava, a opção para quem não queria uma escola marxista, nem outra reacionária, e no âmbito da qual a busca de excelência acadêmica suplantava fartamente em importância as agendas políticas do dia, mas sem que estas deixassem de fazer parte do programa de pesquisa do grupo.

O tempo era de redemocratização, de definição de espaços e personalidades, um tempo em que as ideias podiam aparecer com nomes e sobrenomes. A academia estava a caminho de deixar a militância e retornar à monotonia meritocrática da busca pela excelência. Aliás, "retornar" talvez não seja bem o termo, porque o mundo acadêmico brasileiro, como depois eu veria com mais clareza, não era propriamente um templo ordenado pela máxima anglo-saxã *Publish or perish* ("Publique ou pereça", isto é, para ser bem-sucedido na carreira acadêmica é preciso publicar o máximo possível). Antes, pelo contrário, não havia métricas de desempenho acadêmico, no ensino e na pesquisa, nem muita preocupação com a titulação. Dentro da nova normalidade democrática, todavia, íamos todos competir pelas bolsas de pesquisa, e por atenção, com base em desempenho e produção acadêmica, além do mérito e da qualidade da sua reflexão.

Para muitos, isso parecia reacionário e neoliberal. Uma competição no campo das ideias? Não era disso que falavam os discursos nas formaturas que eu frequentava na ocasião, inclusive o que foi proferido na minha. Naqueles tempos, não havia juramento de colação de grau, qualquer que fosse a profissão, em que não se dissesse que o conhecimento ali entregue, geralmente na forma simbólica de um canudo de papel em branco, tinha de ser usado "para a transformação social".

Essa fala trazia conforto especialmente para aqueles que estavam mais envolvidos com a "luta política", mas, com o tempo, o politicamente correto das formaturas foi se tornando inofensivo, talvez mesmo pelo excesso de inconsequência. Tal como o predomínio dos partidos da esquerda mais radical nos diretórios acadêmicos.

Mas tudo isso serve como ritual de iniciação para uma maldição vitalícia a ser enfrentada por todos os bacharéis, em diferentes formatos e estágios da sua vida universitária: a patrulha.

Aqui precisamos tomar fôlego, pois, se o tema já era muito difícil, com os novos ventos identitários, se tornou gigantesco. Suponho que não lhe traga conforto saber que "no meu tempo" (anos 1980 sobretudo) as patrulhas pareciam um jardim de infância perto do que se vem observando mais recentemente a propósito da penetração na universidade, bem como na cultura em geral e mesmo na vida corporativa, das pautas identitárias e da cultura do cancelamento. Mas, com a ressalva de que eu não sei ao certo o que você vai encontrar, acho que a minha experiência pode ser útil, ao menos para que você consiga separar os assuntos.

Começo por lhe dizer que a maior parte das patrulhas que sofri ao longo da minha vida profissional não teve nada de ideológico ou identitário, embora pudessem, ocasionalmente, ocultar-se sob essas vestimentas. Seu substrato básico era o ciúme profissional e a glorificação do amadorismo e do jeitinho. Esses fantasmas vão assombrar você de muitas formas por toda a sua carreira. Não se deixe enganar pelos disfarces: esse tipo de patrulhamento se constrói a partir do ataque à ideia de uma ciência ou uma teoria sobre um tema tão "prático" como a economia, que se aprende, segundo se alega, na "escola da vida", fazendo e observando, isto é, *sem muito estudo*. Ou seja, quem entende mesmo do assunto, e pode falar com mais autoridade, é quem está dentro do enredo e vive o problema de uma forma orgânica. Lembro-me bem de um empresário famoso, crítico do Plano Real, que dizia o seguinte sobre a equipe econômica: "Eles nunca viram uma duplicata, como podem fazer políticas econômicas desse jeito?"

Não é tão nova essa ideia de "lugar de fala".

Naqueles tempos mais inocentes, esses ataques à "ciência econômica" levavam a debates muito azedos especialmente com os jornalistas especializados, cujo relacionamento com os economistas, sobretudo na época da hiperinflação, era o pior possível. A culpa era nossa, eu creio, em boa medida: como esperar que as pessoas enxergassem muita ciência na economia e nos economistas quando a inflação era de 40% ao mês e ninguém sabia o que fazer?

Quando o Brasil se tornou mais normal em matéria de economia, ficou mais claro que as duas profissões eram muito diferentes e que não precisavam competir nem brigar. Não era um sinal dos tempos que economistas e jornalistas especializados podiam *conviver* em paz com o devido respeito e a desconfiança mútua regulamentar?

Na verdade, os focos de tensão mudaram de endereço, pois se a verdade do jornalista não é propriamente a verdade, mas a *equidistância entre versões*, nós, economistas, temos um problema com a pseudociência, como aparece o tempo todo sob o título *fake news*. Ciência e charlatanismo devem ter espaços iguais na mídia? Quem define isso? A imprensa deve proteger as espécies ameaçadas, e a medicina alternativa, ou deve deixar perecer as más ideias?

No contexto da hiperinflação, todavia, era muito compreensível a animosidade conosco, tanto por parte de jornalistas como da sociedade em geral, mas não fomos nós que inventamos a inflação. Tinha que haver um responsável pela bagunça, mas quem foi o responsável?

Cartas para a redação.

É certo que, hoje em dia, a esmagadora maioria dos jornalistas especializados tem excelente diálogo com os economistas, que são, em muitos casos, as suas "fontes", seus amigos, e uns dependem dos outros.

A imagem negativa dos economistas, descritos como "cabeças-de-planilha", no delirante conceito de Luis Nassif, é própria de certo jornalismo econômico de porta de cadeia que prosperou durante a ditadura, se revigorou durante a hiperinflação e ressurgiu com Donald Trump. Não há dúvida de que o gênero definhou no Brasil, pois a economia está mais normal, o noticiário se tornou mais técnico e analítico, inclusive com a presença mais recorrente de especialistas no assunto. Porém a carga contra o saber especializado ficou imensa em razão da revolta própria da era populista contra a "tirania dos especialistas", que era uma espécie de movimento *antivax* de caráter genérico. Se desconfiam tanto dos médicos e das vacinas, no contexto de pandemia, imagine dos economistas, sobretudo quando as coisas não vão bem.

Há muitas vertentes recentes de ideologias hostis aos "especialistas". A mais básica é de raiz marxista e se fundamenta na tese de que a objetividade em ciências sociais é impossível pois o observador é parte do objeto. Assim, sua perspectiva é determinada pela sua posição no processo produtivo e, por consequência, por sua classe social e seus interesses estruturais. Como a objetividade não existe senão como ideologia burguesa, ou como sustentação interessada no sistema de opressão, tudo é narrativa, portanto as ideias econômicas devem emanar dos congressos partidários e não das universidades. Ou destas por determinação daqueles.

Nem Trump nem Bolsonaro foram pioneiros nesse assunto.

Há muitos outros tipos de críticos aos "especialistas" – economistas ou não –, o assunto é vasto e polêmico, e pertinente ao papel dos intelectuais públicos, ao equilíbrio entre independência e *skin in the game*, ao empoderamento de tecnocratas não eleitos, entre outros temas difíceis.

Não tenha ilusões, portanto. Durante toda a sua vida profissional vão desconfiar do seu saber.

Termino esta já extensa carta com uma recordação temática marcante envolvendo patrulhas e minha iniciação na profissão. O episódio ocorreu durante a primeira cadeira de economia que cursei na vida, Introdução à Economia I, na PUC-Rio, em 1975. O professor de uma disciplina como essa é figura-chave para a formação do imaginário do futuro economista; não pode haver erro de recrutamento aqui. E este quase me fez desistir da profissão. Numa conversa de final do expediente ocorrida no "bandejão" da universidade, perguntei a ele se o Brasil poderia mesmo superar o subdesenvolvimento, conforme eu tinha lido no livro do professor Simonsen *Brasil 2002*. A referência era infeliz e inocente: não há dúvida de que era um livro "chapa-branca", mas era inteligente e instigante, como tudo o que Simonsen fazia. Minha pergunta era daquelas que os aspirantes fazem, perguntas tolas que valem um milhão de dólares, e que sempre podem provocar um curto-circuito em um professor distraído. É claro que eu estava importunando o cafezinho dele, como um jornalista insinuante que aborda uma fonte na hora errada, normalmente causando nada mais que irritação.

Não obstante tudo isso, a resposta que recebi me surpreendeu a ponto de eu nunca tê-la esquecido. Professor de disciplina introdutória não pode ser pego no contrapé, ao tratar pergunta idiota de aluno de primeiro período como provocação.

Ele olhou para o chão, para o teto, e, com os olhos quase marejados, disse que não havia esperança, pois éramos uma "economia periférica e dependente", e que jamais seria possível escapar dessa condição mesmo que tudo desse certo. Como sua fala veio sem mau humor nem ressentimento, trazendo apenas uma afetuosa resignação, e seus olhos pareciam mirar um feixe de luz que vinha diretamente da transcendência, eu me vi extático diante desse vislumbre da Verdade. "Somos como um anão", ele dizia, "que pode fazer muito exercício e ficar muito forte. Mas nesse cenário feliz seremos, no máximo, um anão halterofilista. Nada mudará a nossa natureza." E a seguir, deixando de lado o teatro – e a imagem grotesca –, veio uma falação eivada de uma ironia própria de militante experiente, recordando matéria óbvia, a saber, que nada poderá dar certo no Brasil enquanto "o elemento estruturante das relações sociais estiver constituído em cima da exploração do trabalho".

Posteriormente, já como professor da PUC e coordenador de graduação, portanto o responsável pela escalação dos professores para essas cadeiras introdutórias, tomei todos os cuidados do mundo para que jamais tivéssemos professores de Introdução à Economia de viés patrulheiro, ou com essa cabeça periférica e dependente. Espero sinceramente que você não tenha de passar por isso, mas, como tenho a impressão de que é inevitável, o meu desejo é que não se deixe abater, e que tome esses incidentes como normais, como o spam na sua caixa de correio, uma chatice crescente, cada vez mais trabalhosa, mas que se resolve com um antivírus. O importante é não levar o spam a sério, e não clicar em nenhum link suspeito, o que você já deve estar cansado de ouvir.

4
O rapto da deusa Clio

Prezado(a),

Não vou alimentar ilusões: por mais que lhe falem sobre as maravilhas que você vai estudar ao longo do curso de economia, tenha claro que sua tarefa mais difícil, no início, será a disciplina que trata de cálculo diferencial, na qual metade dos alunos vai ficar pelo caminho. É natural que alunos não gostem de começar pelas disciplinas instrumentais, mas sem elas não vão muito longe nem na profissão nem no curso. Natural também que não gostem de pensar que estão sendo filtrados, como se enfrentassem um segundo vestibular, mas é importante estar ciente de que entrar para a universidade não é como passar num concurso público, que vai lhe dar estabilidade no emprego e lhe assegurar direitos pertinentes à posição honorífica de bacharel. Lamento informar que a vida adulta – e, em especial, a de economista – é uma sucessão de vestibulares e que só vão parar quando você encontrar os seus limites.

Na PUC-Rio em particular, a matemática se tornou a primeira das grandes tarefas difíceis desde que se adotou a obrigatoriedade de os alunos fazerem a sequência de cursos de cálculo diferencial e integral (as "cobrinhas") junto com a turma do ciclo básico de Engenharia. Depois dessa novidade, a "jornada" do aluno ficou estranhamente parecida com a das academias militares de filmes americanos, nas quais os recrutas passam por muitos perrengues em que revelam o tamanho da sua determinação. Costuma ser um banho de sangue, há muitas reprovações e desistências, bem como ressentimentos e frustrações. Mas prevalece a superação e as muitas lições duradouras importantes, inclusive a de que não há, ou não deveria haver, direito adquirido a estar no topo da pirâmide desta bem como de qualquer outra profissão.

Como você pode imaginar, essas ideias sobre meritocracia são muito polêmicas, tal qual as percepções sobre desigualdade e como combatê-la, e acabam se misturando com a conversa sobre a utilidade da matemática, e mesmo da teoria econômica.

As pessoas entram na faculdade com diferentes credenciais, e a experiência universitária deveria equalizar as coisas, mas sem perder a lógica da meritocracia. Não é nada fácil, esse é um grande desafio da educação superior, estamos todos aprendendo como se faz um país mais justo e que funcione. As políticas públicas nesse assunto envolvem escolhas muito difíceis, os desafios profissionais que você terá de enfrentar serão provavelmente nesse terreno. A minha geração enfrentou o monstro da hiperinflação, a sua terá de achar soluções para o crescimento com redução da desigualdade.

Não sei como vai ser, tenho algumas pistas, mas, por ora, a melhor recomendação que posso lhe dar é que não desanime com as dificuldades trazidas pelas disciplinas instrumentais e pela matemática em particular – "o alfabeto com que Deus escreveu o Universo", segundo Pitágoras. Você vai precisar de muitos recursos para consertar o mundo à sua volta, e é provável que não consiga progredir muito se não souber fazer contas.

Segundo o historiador britânico Eric Hobsbawm (1917-2012), a matemática assinalou o divórcio entre a Ciência e o Senso Comum, ampliando a inteligência. Muitas leis da natureza apenas puderam ser "descobertas" quando o mundo pôde ser descrito em equações, ou no idioma das letras gregas. Não é por outro motivo que Hobsbawm, um historiador marxista, diz que o século XX é o século dos matemáticos.

Meu campo de especialização primário foi sempre a história econômica, e vou logo avisando que essa minha escolha não quer dizer que eu vá apoiar qualquer ideia de redução da dosagem de matemática na disciplina. Estou com o americano Paul Krugman, Prêmio Nobel de 2008, quando ele afirma que a história econômica e a economia do desenvolvimento, para citar apenas dois exemplos, ficaram muito mais interessantes nos últimos anos, depois que seus mais importantes elementos puderam ser traduzidos em modelos matemáticos simples, testáveis, ensináveis e aplicáveis, ou seja, mapas de fácil utilização, massificáveis, os *"modls"* do professor Liebfraumilch, e não mais em opacos tratados discursivos de 800 páginas. Krugman, no fim das contas, ganhou o seu Nobel por seu trabalho no entendimento de padrões de comércio e localização da atividade econômica na presença de retornos crescentes de escala, sempre em pequenos e ágeis ensaios que combinavam verve e letras gregas. Krugman é colunista do *The New York Times* desde 2000. Sim, ele largou a academia para escrever diariamente para quem não é do ramo, portanto acredita na importância de disseminar as ideias certas entre o grande público.

É claro que a combinação de história com modelos matemáticos, ou com o desenvolvimento instrumental da economia, não é um assunto simples. Afinal, a história oferece um campo infinito para a experimentação com *fatos passados*, o que é sutil mas profundamente diferente da prática científica canônica de conduzir experimentos controlados para testar as *previsões* de uma teoria. A chave da diferença está na possibilidade de se isolarem elementos capazes de interferir na relação de causa e efeito que se quer documentar. A história *não* nos dá essa possibilidade, pois o que ela nos revela é uma ecologia já formada, em toda a sua complexidade, não a química de cada um dos processos que a produziu, e por isso mesmo permite múltiplas interpretações e "confirmações" das mais variadas teorias sobre relações de causa e efeito.

A ideia de uma "história econômica quantitativa", na qual os avanços da teoria e os rigores estatísticos pudessem se aplicar à experiência passada, teve diversas expressões. Uma das mais curiosas, e mais presentes em nossos dias, é aquela que se conhece como cliometria, um estilo ou escola que surge nos Estados Unidos nos anos 1970 e 1980 e tem como marco a fundação da Sociedade Cliométrica, em 1983, em cujos termos de referência lê-se algo aparentemente inocente: "Organização acadêmica de indivíduos interessados em usar teoria econômica e técnicas estatísticas para estudar história econômica."

Nada contra essa definição mais ampla. Mas há implícitos nesse manifesto certos taninos de um debate complexo, de natureza historiográfica, sobre se a história, ou o ofício do historiador, deve ser analítica ou narrativa. Em princípio, é difícil se opor ao viés quantitativo e analítico. A novidade com que me deparei nos Estados Unidos foi verificar que isso podia ser tóxico, se excessivo.

A cliometria foi conquistando espaços nos Estados Unidos lenta e decisivamente. Uma de suas mais desconcertantes criaturas – os chamados "contrafactuais" – causaram enorme sensação. Não satisfeitos em prever o passado e nem sempre acertando, passaram a *projetar o futuro que não houve*.

Explico, mas com o auxílio de um exemplo famoso, desenvolvido pelo professor Robert Fogel (1926-2013), que consistia, para começar, em "modelar" o crescimento econômico dos Estados Unidos estimando e calibrando um modelo quantitativo que o decompunha estatística e analiticamente em seus fatores determinantes. Em seguida, rodava-se o modelo novamente, mas *omitindo* certo elemento que se presumia fundamental, como se imaginava terem sido, por exemplo, as ferrovias para os Estados Unidos no século XIX. Com isso se obteria o crescimento *contrafactual*, ou *que teria ocorrido caso as ferrovias* não tivess*em existido*.

Esse trabalho de 1964 sobre a (des)importância das ferrovias para o crescimento econômico americano, e seu ainda mais polêmico trabalho de 1974, sobre a escravidão (cuja conclusão ficou famosa: *a escravidão era "racional"*), levaram Fogel ao Prêmio Nobel de Economia em 1993, pelas aplicações da teoria econômica e de métodos quantitativos em história econômica.

O prêmio assustou os adeptos da história econômica convencional, e com razão. Foram imensas as controvérsias metodológicas que se seguiram. Seria a cliometria, também referida como "a nova história econômica", nada mais que uma nova família de determinismos, com tudo o que se criticava no materialismo dialético e suas inescapáveis implicações?

Note que, se o pesquisador *explica estatisticamente* determinado fenômeno, ele pode ficar tentado a argumentar que "não poderia ter acontecido de outra forma", ou que "estava escrito", e isso não é (ou não deveria ser) aceitável para historiadores, que sempre devem se colocar em um ponto no passado no qual os fatores e condições conhecidos naquele momento permitiam diferentes eventos e enredos. Prever o passado deve ser ao menos tão difícil quanto prever o futuro, não?

Decisões importantes, às vezes tomadas por uma única pessoa, em circunstâncias incomuns, podem ser cruciais, portanto históricas, na medida em que alteram tudo o que se passa a seguir. Decisões pequenas, cotidianas e discricionárias, comuns em terrenos como o da política econômica – sobre juros, câmbio, crédito, impostos, gastos públicos –, possuem o condão de alterar o curso da história. Não há nada de fato predeterminado no curso da história, essa é a grande lição. Ao menos isso foi o que me ensinou minha experiência em cargos importantes da economia e em decisões importantes em momentos incomuns, de que falaremos longamente adiante, de modo que não é tão estranho que seja no terreno da história econômica que surja a especulação sobre a existência de muitos futuros possíveis.

A história alternativa e mesmo os contrafactuais não são exatamente novidade. Há um curioso livro francês de 1857 intitulado *Uchronie*,[4] de Charles Renouvier, em que se trabalha uma espécie de *utopia do passado*, ou uma história do nosso mundo não como foi, mas *como deveria ter sido*. Esse é um dos tataravôs dos atuais contrafactuais, e há muitos outros exemplos, muitas formas de se definir o ideal, o jeito certo de as coisas funcionarem, bem como inúmeras fórmulas plausíveis de darem errado. Os termos "utopia" e "distopia" já fazem parte do cotidiano, na TV e na literatura. Mas "ucronia" é raro. O escritor Philip Roth utiliza a expressão em uma coletânea de ensaios, entrevistas e discursos recente-

---

[4] Nada que ver com a Ucrânia. Era um neologismo a partir de "utopia" e "crônica". Uma crônica histórica ideal.

mente publicada em português,[5] em que ele reclama que a história escrita parece ter se tornado "matéria inofensiva", na qual "todo o inesperado do momento em que ocorre surge estampado como inevitável". Foi seu ponto de partida para um romance[6] no qual o 33º presidente americano teria sido Charles Lindbergh, ás da aviação, herói americano, mas conhecido antissemita e simpatizante do nazismo. O mundo seria hoje muito diferente, ainda que seja tudo perturbadoramente plausível.

O gênero é riquíssimo, você não vai escapar de ler no começo da faculdade *1984*, de George Orwell, a famosa distopia totalitária escrita em 1948 que passou à condição de best-seller, tanto nos Estados Unidos como no Brasil, em razão de Donald Trump e de Jair Bolsonaro. E é bem provável que você já tenha visto a série *O conto da aia*, ou lido o livro homônimo de Margaret Atwood que inspirou a série, e se assustado. Será que estamos no interior de um contrafactual distópico? As distopias parecem bem próximas de nós, não?

Em defesa dos modelos econômicos estatísticos e contrafactuais que existem por aí, cuja qualidade é muito variável, pode-se dizer que são apenas outro jeito de falar de uma relação de causalidade, ou de se entender causalidade múltipla. No limite, são uma forma engenhosa de montar um "grupo (circunstâncias) de controle". Mas não vamos entrar em detalhes metodológicos aqui, não é a hora. Quero voltar ao que importa, que é a sua decisão vocacional e em que a minha experiência pode ajudá-lo nisso.

Volto aos anos 1980 para lembrar que eu só viria a entrar em contato com esses assuntos de forma mais aguda em Harvard, iniciando meu doutorado, depois de uma formação em história bem mais convencional, no mestrado na PUC-Rio. Na verdade, meu primeiro contato com a história tinha sido bem antes, através de Caio Prado Jr., ainda no vestibular, e aqui se reproduziu o fenômeno do "artefato de iniciação" que lhe descrevi numa carta anterior, a propósito de Leo Huberman.

---

[5] *Por que escrever: Conversas e ensaios sobre literatura, 1960-2013*. Companhia das Letras, 2022.

[6] Intitulado *Complô contra a América*, publicado originalmente em 2004. A série em seis capítulos foi lançada pela HBO em 2020.

Guardei uma impressão fortíssima do livro de Caio Prado Jr. *História econômica do Brasil*. Era como se a trágica saga do pau-brasil se repetisse monotonamente ao longo dos séculos, reconfirmada pelas longas passagens do frade André João Antonil sobre a economia da cana-de-açúcar operada por mão de obra escrava, pelo triste destino dos barões do café e pelo caráter perverso da industrialização. Tudo servia para atestar de forma contundente o caráter extrativista predador da economia colonial e ainda presente no Brasil contemporâneo, condenado a uma inserção subordinada em um mundo governado pelos trustes e pelo imperialismo. A prosa sombria e torturada me deixou impressão semelhante àquela produzida por Euclides da Cunha em *Os sertões*, especialmente as primeiras 200 e tantas páginas doloridas sobre a crueldade da natureza que amesquinha o sertanejo e do meio social que humilha e exclui, apenas aumentando a ansiedade para o que vinha a seguir, ou talvez oferecendo uma razão de ser para os desatinos de Antônio Conselheiro. O livro de Caio Prado parece evoluir de forma semelhante, porém, em vez de Canudos como materialização de tanta entropia – que nem mesmo a industrialização conseguiu dissipar –, vinha a formação da burguesia nacional e a revolução.

Lembro que havia uma pequena bibliografia no final na qual Caio Prado opinava em cores fortes sobre cada um dos clássicos, com evidente intenção pedagógica. Sobre o clássico *Formação econômica do Brasil*, de Celso Furtado, ele dizia que se tratava de uma interpretação "sobretudo monetária" de nossa história e me pareceu uma crítica "amiga", na verdade um elogio bem disfarçado e a definição de um gênero. Relendo Caio Prado anos depois, e desfazendo todas as boas impressões que guardava, me dei conta de que, se a *História* de Huberman era *O Capital* açucarado, a *História* de Caio Prado era a versão apimentada. Conta-se que foi apresentado e discutido no IV Congresso do Partidão (o PCB, Partido Comunista Brasileiro), em 1948, no qual, aliás, foi tomado como "ideologia estranha ao proletariado" pois estaria a "negar, sem provar, a existência de restos feudais em nossa economia", o que quer que isso signifique. Esse foi o veredicto de Ivan Pedro Martins, secretário político da célula Gávea Vermelha, mas também poderia ser mais uma edição do passado, tal como fazia Winston Smith, o protagonista de *1984*.

Logo adiante, a PUC-Rio teria um extraordinário reforço na área de história econômica com a chegada dos professores Winston Fritsch e Marcelo de Paiva Abreu, ambos autores de teses de extraordinária qualidade para a Universidade de Cambridge, tratando de política econômica respectivamente nos períodos de 1889-1930 e 1930-1945; "interpretações definitivas" era o que se dizia na UFRJ do trabalho deles, especialmente antes de saírem de lá por conta de desentendimentos com a professora Maria da Conceição e seus seguidores.

Na publicação em português de uma versão revista de seu trabalho, em 1999, Marcelo definiu com precisão os contornos desse estilo de história econômica: "Tenho grande satisfação em ter decidido concentrar os estudos nas 'árvores' e não nas 'florestas' e, também, de ter sido recatado nas generalizações. Evitei assim tanto abjurações quanto, creio, a obsolescência." Com esse espírito, várias boas dissertações de mestrado em história foram produzidas, e, em 1989, uma bela síntese desse esforço foi o volume organizado pelo próprio Marcelo: *A ordem do progresso: Cem anos de política econômica republicana, 1889-1989*, que se tornou um clássico. Nessa obra, os vários períodos são tratados por diferentes autores, entre os quais os mestres formados na PUC-Rio, como eu mesmo, Sergio Besserman e Demosthenes Madureira de Pinho Neto, além dos doutores historiadores Winston Fritsch e Luiz Corrêa do Lago, entre outros.

Meu capítulo nessa coletânea, sobre a primeira década da República, resultava de minha dissertação de mestrado, intitulada *Reforma monetária e instabilidade na transição republicana*, de 1982, e de um pequeno livro que escrevi em 1988 chamado *A década republicana: O Brasil e a economia internacional, 1888-1900*. A dissertação foi meu primeiro livro publicado, tendo vencido em 1983 o concurso promovido anualmente pelo BNDES para teses de mestrado em economia. Ganhava-se também o direito de entrar para os quadros do banco, para a grande alegria de meu pai, que foi um dos seus fundadores e membro de sua primeira diretoria, em 1952. Todos os anos meu pai era convidado para a cerimônia de comemoração do aniversário do BNDES, na qual se fazia a entrega do prêmio. Em 1983, ele assistiu muito feliz a minha premiação na sexta edição do prêmio. Mais adiante, a conversa foi menos tranquila sobre o fato de que eu não quis seguir carreira como funcionário do banco: o prêmio tinha o efeito de um concurso público e havia me convertido em um *concursado*.

Não tenho dúvida de que a dissertação foi minha primeira paixão de maior fôlego na profissão. Em retrospecto, acho que foi exatamente a falta de substância empírica das grandes sínteses interpretativas de teor marxista – as "florestas" homogêneas apenas na aparência, que em tudo pareciam caber na expressão consagrada do crítico literário Roberto Schwarz, "ideias fora do lugar" – que foi me empurrando para uma pesquisa cada vez mais específica e de escopo temporal cada vez mais restrito. Isso para não falar em fenômenos marcantes, como foi o Encilhamento, a euforia e o pânico financeiros ocorridos em 1888-1892, que simplesmente não cabiam no cânone marxista.

O fato é que nada poderia ser mais contemporâneo em seus determinantes, temática e principais atores. É claro que o Encilhamento ia bem além da especulação na bolsa de valores. A euforia tinha tanto a ver com a abolição da escravatura quanto com incríveis entradas de capital, que apreciaram sobremodo a taxa de câmbio e permitiram que o país voltasse ao regime do padrão-ouro no bojo de um projeto articulado para salvar a monarquia. Em seguida, todavia, problemas criados por um *default* na Argentina levaram a uma crise em Londres, pela possível falência dos Baring Brothers, os mesmos banqueiros que quebrariam novamente em 1997, quando eu já estava na presidência do Banco Central do Brasil. Face ao colapso do mercado de capitais londrino em 1890, cessaram as entradas de capital no Brasil, já uma República a essa altura, e, depois de uma política econômica marcadamente heterodoxa conduzida por ninguém menos que Rui Barbosa – um gigante também no terreno das ideias econômicas, na esteira das quais a oferta de moeda multiplicou-se por 3 ou 4 –, a euforia se transformou em pânico e, em 1891, sobreveio uma crise cambial, uma "maxidesvalorização" e uma crise bancária que duraria até o final do século. Mas qual a origem da crise? Segundo relata Machado de Assis, numa crônica de 9 de outubro de 1892: "Para onde quer que me volte, dou com a incandescente questão do dia. (…) A dúvida não é aqui sabedoria, porque traz debate ríspido, debate traz balança de comércio, por um lado, e excesso de emissões por outro, e, afinal, um fastio que nunca mais acaba."

A passagem de Rui pela Fazenda permanece objeto de muita polêmica ainda hoje. Metade dos tratadistas de história monetária o odeia, começando por Pandiá Calógeras e J. P. Wileman, e a outra metade o tem como semideus. Na edição de 11 de setembro de 2006, a revista *Época* o elegeu o maior brasileiro da história, ao que Luis Nassif escreveu uma série de artigos atacando a indicação. Outra revista afirmou que, se vivesse em nossos dias, Rui teria que enfrentar uma CPI. O próprio Marcos Valério, publicitário que foi personagem-chave do escândalo do "mensalão", em 2005, teria dito que Rui teria praticado atos semelhantes aos seus. Diante de tudo isso, e coberto de razão, Paulo Brossard, ex-ministro da Justiça e grande jurista gaúcho, admirador incondicional de Rui (como é comum no mundo jurídico), insurgiu-se em artigo para o *Estadão* de 11 de novembro de 2005: "Assim é demais!"

O enredo de uma bolha seguida de crise não poderia ser mais atual, além de vibrante e repleto de cruzamentos e analogias. No momento da transição republicana, o entorno político era de vastas mudanças e confusas revoluções, envolvendo personalidades extraordinárias como o visconde de Ouro Preto, o último chanceler e ministro da Fazenda do Império, e, antes dele, o sólido ricardiano Francisco Belizário, o ministro da Fazenda do gabinete conservador do barão de Cotegipe, além de Rui. Tudo isso era "sobretudo monetário", para usar a expressão de Caio Prado, mas nem mesmo Celso Furtado havia se aproximado devidamente desses debates. Ele entendia que as doutrinas estrangeiras aqui chegavam pelas faculdades de Direito sem muita adaptação e serviam para montar uma "interpretação idealista da realidade", tanto do lado papelista quanto, sobretudo, do campo metalista. E via, ademais, uma "inibição mental para captar a realidade de um ponto de vista crítico-científico (...) particularmente óbvia no que diz respeito a problemas monetários" (*sic*). É claro, portanto, que o mestre não tratou do assunto, ou, se o fez, diminuiu excessivamente a estatura daqueles homens e de seus debates, e de um modo ou de outro tínhamos aqui uma imensa lacuna a explorar.

A dissertação pronta e montada somava umas 300 páginas datilografadas numa máquina de escrever elétrica – em 1982 não havia computador –, cada uma delas composta como página de jornal, equilibrando uma média de quatro notas de rodapé e pelo menos umas 10 correções com *liquid paper*. As folhas engrossadas pela tinta do corretor perfaziam um calhamaço que em tudo se parecia com um manuscrito medieval. Uma xerox e uma encadernação em espiral, coisa sofisticada naqueles dias, finalmente transformaram a tese em um objeto manuseável, encantador de lhe sentir o peso, jogá-lo para o alto, folhear fingindo-se de leitor curioso, colocá-lo na estante, retirá-lo e recolocá-lo, falando sozinho, respondendo a perguntas imaginárias. Essa relação orgânica entre o homem e o livro, quando criatura sua, é inigualável. Espero que você possa experimentar essa sensação um dia.

No mérito, um trabalho como esse cria em você uma raiz, um vínculo com uma época, que se torna parte da sua identidade, exatamente como um lugar onde você esteve e passou muito tempo, e de forma particularmente intensa, e ao qual voltará ainda em muitas ocasiões. Às vezes há um lugar *realmente existente*, como o esplêndido prédio do Ministério da Fazenda no Rio de Janeiro, e sua magnífica biblioteca, no 12º andar. Ou a Casa de Rui Barbosa, na rua São Clemente, no bairro de Botafogo, também no Rio. Ou é um livro que o transporta àquele tempo, como o *roman à clef* do Visconde de Taunay, *O encilhamento*, imitando Émile Zola, em que os personagens são todos reais e tudo é coincidência maliciosa e proposital. Ou *A pirâmide e o trapézio*, de Raymundo Faoro, sobre a ficção machadiana, ou mesmo *Esaú e Jacó*, do próprio Machado. Sua tese se torna um projeto recorrente, para o qual você se volta muitas vezes. A mais recente foi através de uma coletânea que organizei de crônicas "econômicas" de Machado de Assis, em 2007, *O olhar oblíquo do acionista*. Aqui a descoberta foi de um novo personagem, o rentista machadiano, o acionista que detesta os ritos de governança hoje celebrados na agenda ESG (*environment, social and governance*).

Machado de Assis enxergou perfeitamente nosso futuro em nosso passado.

Em Harvard, logo em seguida ao mestrado, quis repetir a experiência em uma escala maior. Lá eu teria uma das maiores bibliotecas do mundo à minha disposição e sabia que teria como professores gente como David Landes e Barry Eichengreen, além de Charles Kindleberger no MIT (Massachusetts Institute of Technology, ou Instituto de Tecnologia de Massachusetts), e já estava a par de um boato da maior importância: para substituir Alexander Gerschenkron, o grande historiador russo, o maior nome neste campo em Harvard, que falecera em 1978, a universidade cogitava contratar Carlos Díaz-Alejandro, um extraordinário economista e historiador de origem cubana, talvez o mais interessante economista latino de sua geração, e que tinha passado um semestre na PUC-Rio como professor visitante e dado um curso fascinante e repleto de assuntos "sobretudo monetários". Tudo parecia se encaixar.

Mas as coisas não foram como planejei. Díaz-Alejandro faleceu prematuramente em 1985, aos 48 anos, e Harvard já tinha contratado outro historiador, de nome Jeffrey Williamson, um dos grandes expoentes da cliometria, que acabou preenchendo a cátedra. Eu não sabia bem do que se tratava quando, feliz da vida, me matriculei no curso oferecido por Williamson em sua estreia em Harvard: Tópicos de História Econômica Americana do Século XIX.

Desisti bem antes de chegar em Fogel, e com muita pena, pois tinha um imenso interesse no assunto, que foi impiedosamente estragado pela abordagem. Tentei novamente no semestre seguinte, quando Williamson ofereceu um curso sobre a Revolução Industrial na Inglaterra, tema com a historiografia mais assentada portanto difícil de se embaralhar muito, e novamente desisti lá pela terceira aula diante de regressões, calibragens e contrafactuais, novamente com a forte sensação de que a cliometria estava maltratando a deusa Clio.

Williamson era um sujeito afável e vinha com enorme vontade de agradar. Nos anos que se seguiram, ganhou seguidamente o Prêmio Galbraith, concedido para o melhor professor conforme eleição pelos alunos, e chegou a diretor de departamento em 1997, quando eu já estava bem longe de Harvard. Mas naquele curso sobre a Revolução Industrial ele se irritou com as minhas perguntas. Não chegamos a discutir, mas lembro que no fim da terceira aula, ou segunda, em vez de deixar-se ficar para conversar amenidades, uma espécie de tradição na universidade, como os exatos sete minutos de atraso que é preciso obedecer antes de começar qualquer aula e a salva de palmas ao final da última aula de um curso, ele se afastou caminhando velozmente pelo Yard, algo incompatível com o lugar, onde as pessoas sempre andavam devagar, pois é desses recantos onde faz sentido flanar para as conversas durarem mais e os espíritos que habitam o local terem a chance de lhe soprar alguma luz. Por algum tempo achei que tivesse mesmo ficado para trás, que não estava entendendo mais nada dessa arte, agora abduzida por Jeffrey Williamson, mas logo me deparei com um artigo que mudou minha vida.

No número de setembro de 1983 da prestigiosa revista *American Economic Review*, principal publicação da Associação Americana de Economia, um de seus editores, R. Preston McAfee, assinava um raro caso de sátira na forma de artigo acadêmico. O título era "American Economic Growth and the Voyage of Columbus" (O crescimento econômico americano e a viagem de Colombo, em tradução literal). Das 23 referências bibliográficas, apenas uma era verdadeira, o livro de Fogel, e o exercício consistiu em elaborar um exercício "contrafactual": *O que teria ocorrido se a Terra fosse plana e Cristóvão Colombo tivesse caído das bordas do planeta*? Era um extraordinário contrafactual, não?

Eu não estava sozinho em meu horror com o que vinha sendo feito com a deusa Clio. Na verdade, essa sátira de McAfee vale 5 mil palavras, ela traz uma revelação, como quando você ouve uma conversa privada, um boato malicioso, ou as falas dos "bobos" das peças de Shakespeare. São veículos não convencionais para a verdade, mas brutalmente sintéticos e definitivos. Fique sempre atento às mensagens desses pássaros, pois são raras e preciosas.

5
Da torre de marfim para Brasília

Prezado(a)

Não sei se você conhece a expressão "torre de marfim" (*ivory tower*), que se usa, principalmente em inglês, para descrever de forma pejorativa a rotina ordenada e hermética dos acadêmicos no seio da universidade. Existem várias torres em Harvard, a mais célebre delas, localizada no coração do campus, na área conhecida como Yard, está em uma belíssima capela com diversos memoriais para ex-alunos que morreram em diferentes guerras. Seu campanário de cor branca não é de marfim, mas impressiona da mesma forma. À sua direita, ergue-se o pequeno e acinzentado edifício da administração central da universidade, no lado oposto do qual se encontra a estátua do fundador, John Harvard (1607-1638), sentado desleixadamente e sempre na incômoda companhia de turistas comportando-se como em Picadilly Circus. Reza a lenda que a estátua tem o poder de incrementar a inteligência daqueles que a tocam, mas há outra lenda mais mundana segundo a qual, em represália aos turistas, os estudantes desenvolveram o hábito de urinar à sua volta durante a noite, justamente com o intuito de afugentá-los. São apenas histórias, é claro, difíceis de verificação empírica, especialmente a primeira. O fato é que o consumo de cerveja nos dormitórios à volta da estátua, sabidamente copioso, dá especial concretude à segunda.

Bem na frente da capela, a construção mais imponente do Yard é a Harry Elkins Widener Memorial Library, a maior das cerca de 70 bibliotecas de Harvard. Harry era um jovem herdeiro que gostava de livros e que teria se formado em 1912 se não tivesse perdido a vida, junto com o pai, quando voltava de férias da Europa no naufrágio do *Titanic*. Sua mãe, uma das sobreviventes – foi colocada pelo marido num bote salva-vidas –, quis homenagear a memória do filho mandando construir uma enorme biblioteca, talvez a maior do país. Inaugurada em 1915, com 90 quilômetros de estantes e mais de 3 milhões de volumes, a Widener foi se expandindo especialmente através de outras bibliotecas interligadas, uma delas, por exemplo, em Florença, de tal sorte a formar um complexo que guarda mais de 20 milhões de itens, entre físicos e digitais – além de livros, há panfletos, mapas, filmes e manuscritos. É a maior biblioteca universitária do mundo, a segunda maior dos Estados Unidos, perdendo apenas para a Biblioteca do Congresso.

O prédio da Widener, o mais imponente do Yard, parece um gigantesco templo, e não se percebe que possui 10 andares de estantes, 6 para cima e 4 para baixo – e lembre que essa é apenas uma das dezenas de bibliotecas da universidade. Em 1982, quando lá estive pela primeira vez, não havia ainda a internet, nem bem computadores pessoais. A imensa sala do catálogo evocava vivamente em mim a imagem da Biblioteca de Babel – cujo "catálogo dos catálogos", aliás, o volume que listaria todos os livros já escritos bem como os que ainda não existem, estaria perdido, segundo o relato de Jorge Luis Borges.

Na sala central do catálogo, na Widener, eram incontáveis os móveis com gavetinhas identificadas por letrinhas, todas inchadas de fichinhas de papel em sua maioria manuscritas, fruto de milhares e milhares de horas de trabalho de gerações de catalogadores. Eram os mapas para um novo sistema solar, criando a sensação de que o ato de pesquisar se confundia com a mineração, ou com a exploração espacial. Na biblioteca de Borges, porém, os livros continham todas as combinações possíveis

Figura 3: A Harry Elkins Widener Memorial Library, ou biblioteca Widener, como é conhecida. Foi construída com recursos doados por uma senhora que sobreviveu ao naufrágio do *Titanic*, mas nele perdeu seu filho Harry, que gostava de livros e estava prestes a começar seus estudos em Harvard. *Foto: Chris Rycroft, 2020 / Wikimedia Commons.*

dos 25 símbolos ortográficos e portanto, tal como na internet em nossos dias, tinham muito lixo: "por uma linha razoável ou uma notícia justa, há léguas de cacofonias insensatas, confusões verbais e incoerências". Nas gavetinhas da Widener, contudo, não havia nada imprestável, o que não exclui, evidentemente, a insensatez concatenada. Para encontrar os tesouros, desenvolvi diversos métodos para identificar, nas estantes, os agrupamentos de livros sobre um mesmo assunto, sempre nas adjacências de um livro básico, como que revelando a etnografia mental de várias gerações de bibliotecários. Hoje em dia, você pode fazer a mesma coisa pela internet, sem sair de casa, pois os mecanismos de busca eletrônica, os algoritmos, fazem exatamente essa mesma arqueologia, que designam como inteligência artificial. Sem dúvida, tinha mais aventura no jeito antigo, tão menos eficiente e mais gostoso de praticar. Hoje em dia, é possível perambular pelo catálogo do meu computador pessoal estando em qualquer lugar do planeta, mas eu sinto falta do templo. Sempre que posso vou a Cambridge e invento qualquer coisa para pesquisar, só para perambular por entre as estantes, passo um dia falando com os espíritos do lugar e volto para casa mais calmo.

Estou lhe contando essas histórias por uma razão muito simples: a biblioteca é o centro da experiência da pós-graduação, tanto nos Estados Unidos como em qualquer lugar do mundo, inclusive no Brasil. A pesquisa é um empreendimento essencialmente solitário. Não creio que a internet tenha mudado isso. E, para mim, o problema se mostrava de forma ainda mais flagrante, pois tinha escolhido como tópico de pesquisa de doutorado as hiperinflações europeias dos anos 1920. Em boa medida, era como o mergulho na transição republicana, de que lhe falei em minha última carta, só que agora bem mais fundo e mais longe. Ou como uma longa e solitária visita a Urano para buscar um minério raro em forma pura, os casos extremos que guardassem, quem sabe, as chaves mestras para o problema da inflação, o grande desafio da minha geração.

O risco de uma expedição como essa era o de jamais retornar, ou seja, envolver-se demais com as relíquias em alemão, húngaro ou polonês e passar a *pertencer* a esses lugares. Eu tinha experimentado essa sensação com o Brasil de 1889, mas esses outros lugares na Europa Central ficavam muito mais longe de casa. O Dr. Howard Carter, o arqueólogo de que falamos na segunda carta, deve ter tido questões com o seu país e com a sua família, que eu nunca soube como ele resolveu. Era a tal da maldição. Mas, ao contrário de mim, ele não vivia de uma bolsa do CNPq (Conselho Nacional de Desenvolvimento Científico e Tecnológico), não tinha um *deadline* a cumprir.

Estávamos no final do meu segundo ano em Harvard, em 1984, uma data paradigmática para um admirador de George Orwell. No Super Bowl (a decisão do campeonato de futebol americano dos Estados Unidos), a Apple veiculou apenas uma vez um anúncio de cerca de um minuto de seu novo produto, o Macintosh, usando um enredo orwelliano: uma figura redentora, na verdade uma jovem corredora lourinha, de shortinho vermelho, atirava uma espécie de martelo numa gigantesca tela que mostrava o Grande Irmão falando de coisas que podiam ser de economia – números, estatísticas incompreensíveis. Era uma metáfora para o produto que vinha romper a dominância da IBM. O locutor então entrava, dizendo que em 24 de janeiro a Apple lançaria o Macintosh e que por isso 1984 não seria como *1984* (o livro).

Logo em seguida, Harvard entrou em entendimentos com a Apple e seus alunos puderam adquirir a nova máquina a preços descontados. Foi com ela que comecei a escrever minha tese, pensando que me faltavam apenas dois anos para voltar ao Brasil, se quisesse completar meu doutorado dentro dos quatro anos de duração máxima da bolsa de estudos do CNPq. Ou então me programaria para 10 anos, ou mais, e faria viagens para os arquivos alemães, ou para a Bolívia, país que havia contratado um dos meus orientadores para que os auxiliasse num plano de combate à hiperinflação engendrado pelo presidente da República recém-eleito. As opções pareciam infinitas como os caminhos pelas estantes da Widener, mas voltar para o Brasil com essas descobertas parecia a coisa mais justa a fazer em respeito ao contribuinte brasileiro, que estava pagando meus estudos. Essa obrigação não estava escrita em lugar algum, mas deveria existir. Fiquei feliz, anos depois, em passar no serviço público tempo semelhante ao que gastei estudando com o apoio da Capes (Coordenação de Aperfeiçoamento de Pessoas de Nível Superior) e do CNPq. Feliz também porque o conhecimento adquirido em Harvard foi útil para o meu trabalho no combate à hiperinflação no Brasil (assunto de que trataremos a seguir). Você deveria pensar nisso, se algum dia ganhar dinheiro público para a sua educação.

Eu não tinha muita gente com quem conversar sobre o meu tema de tese, situação muito comum para quem escreve sobre assuntos distantes. Duas pessoas bastavam: Barry Eichengreen e Jeffrey Sachs, a dupla que conduzia o campo de especialização na área de economia internacional e que dividiu a tarefa de atuar como meus orientadores. Barry tinha me salvado de Jeffrey Williamson, o cliometrista: para que eu pudesse eleger história econômica como um de meus campos de especialização, precisava cursar um número vasto de horas de aula, e cumprira parte disso tomando um curso encantador no MIT oferecido por Charles Kindleberger, que havia pouco terminara de escrever o seu *A Financial History of Western Europe* (Uma história econômica da Europa Ocidental) e parecia próximo de se aposentar. Seu livro mais popular, *Manias, pânicos e crises: Uma história das catástrofes econômicas mundiais*, era de 1978 e o tinha transformado em uma autoridade nesse tópico sempre atual. Ele adorou me acolher em seu curso, em troca de diversas conversas em que ouvia sobre o Encilhamento e conjecturávamos sobre a conexão com a crise Baring em Londres.

Eu precisava de um curso adicional para escapar de Williamson, e Barry aceitou me dar um curso "particular", em que seríamos apenas eu e ele, duas horas e 2 mil páginas por semana. Custou caro escapar da cliometria. Barry era um historiador em ótimos termos com a literatura convencional e aceitava sacrificar um número razoável de virgens ao altar das regressões. Era preciso dialogar com os cliometristas, e ele estava em plena campanha pela cátedra, publicando em quantidade, produção em série, cinco páginas sobre determinado problema histórico, com todas as referências corretas, seguidas de modelos e regressões. Mas, no fim das contas, Williamson ganhou a parada e Barry acabou aceitando, em 1987, a oferta de uma cátedra na Universidade da Califórnia em Berkeley.

Jeffrey Sachs era uma das estrelas da companhia naqueles dias e era apenas dois anos mais velho que eu. Tinha recebido a sua cátedra, ou seja, o emprego vitalício em Harvard, em 1983, aos 29 anos, um dos mais jovens da história da universidade. Ele estava profundamente interessado na minha pesquisa, tendo em vista a consultoria que havia arrumado com a Bolívia, que em 1985 revelava ao mundo a primeira hiperinflação desde 1946. Sachs era realmente genial, mas eu não era o único a saber disso. Eram muitas as demandas, e por conta disso, em contraste com Barry, nunca lia meus manuscritos, para a minha mais total irritação. Ele simplesmente não tinha tempo, foi terrível, e foi a primeira vez que passei por essa situação.

Um conselho: acostume-se, pois é muito mais comum do que você imagina. Como regra geral, só os seus pais, e talvez nem eles, são capazes de oferecer disponibilidade ilimitada para seus devaneios, o resto do mundo vai exigir de você uma coisa muito básica que é bom aprender logo: brevidade. Não adianta se ofender, não é pessoal.

Se um dia você tiver que fazer uma entrevista na televisão, vai aprender na marra: 90 segundos é muito tempo, 5 minutos é uma vida. Comece pelo fim, com sua melhor frase, que já deve estar ensaiada na sua cabeça, e não mostre as escadas e andaimes que você construiu para chegar a essa conclusão, pois não interessam a ninguém. Na verdade, o ideal é que você consiga se limitar às suas melhores frases, já preparadas com antecedência, e não precise responder a perguntas de forma improvisada. Mas sem soar como Paulo Maluf, é claro.

Pois então, foi Jeffrey Sachs quem me treinou para o programa da Míriam Leitão. Ele me mandava para o quadro-negro que tinha em sua sala (nada mais chique que sala de professor com quadro-negro e tapete...), e eu que tinha de me virar para explicar em oito minutos ou menos o que havia pesquisado desde o último encontro. Era muito mais produtivo desse jeito, ainda que bem mais dolorido. Era preciso ter o raciocínio límpido no mérito, e também, e principalmente, ganhar o interesse de um sujeito ocupado, que conhece o assunto de um ângulo muito prático e não quer se deixar embromar. Nada mais útil como treinamento para explicar mecanismos de estabilização para ministros, presidentes e senadores que vão prestar atenção em você apenas por alguns minutos, e isso dependendo de suas primeiras frases. O fato é que eu sempre saía desses encontros entusiasmado, depois de entender melhor onde estava e de trocar figurinhas sobre as últimas notícias da Bolívia e do Brasil, além daquelas que eu descobrira na Europa dos anos 1920.

O tema das grandes inflações estava ganhando atualidade na academia em razão do trabalho de Thomas Sargent de 1982 sobre o funcionamento de "expectativas racionais" na estabilização alemã (Sargent ganharia o Nobel em 2011), construindo seu argumento a partir do famoso estudo de Phillip Cagan, da Universidade de Chicago, parte de um volume organizado por Milton Friedman em 1956 (meu ano de nascimento) que foi uma das mais importantes obras da chamada "revolução monetarista". Barry, Jeff e também Kindleberger, que mesmo aposentado acompanhava tudo à distância, me incentivavam vivamente a detonar Sargent e quem sabe também a tese segundo a qual as hiperinflações, bem como as inflações comuns, eram produzidas exclusivamente por governos que tentavam *maximizar* a coleta do "imposto inflacionário", "senhoriagem", na verdade, isto é, receitas decorrentes do poder do governo de fabricar pedaços de papel sem valor que são aceitos como dinheiro.

Era uma caricatura útil, mas inexata, ou incompleta: a hiper era uma coisa muito mais complicada. Logo percebi que não teria tanto trabalho para demonstrar que inflações excepcionais eram doenças complexas e que as soluções nunca eram mágicas nem simples, o que não queria dizer que essas patologias não contivessem os mesmos ingredientes básicos no terreno fiscal e no monetário, ou para cujo fim não fosse necessária a medicina convencional. No Brasil, porém, o problema não estava nas nossas sempre celebradas singularidades, mas em aceitar a parte do nosso problema que era universal, já compreendida e que nada tinha de original.

Durante cerca de dois anos eu trabalhei em certos recantos no interior da Widener, onde era comum que em uma semana inteira nenhuma alma viva passasse por perto. Nada mais parecido com uma missão numa estação espacial. Tal como na dissertação de mestrado, trabalhei como quem quisesse escrever um livro, e foi esse o aspecto de minha tese defendida em 16 de maio de 1986, com seus 11 capítulos e 381 páginas, alegremente escritas no meu Macintosh pioneiro safra 1984. Desta vez, a produção física da tese foi um deleite de simplicidade: direto da minha impressora para a encadernação, com o próprio programa se encarregando de arrumar e numerar as centenas de notas de rodapé. Um verdadeiro milagre. Como tinha apanhado dos rodapés em 1982!

No dia 5 de junho de 1986, com a presença de meus pais, participamos da cerimônia de formatura, que eles chamam de *commencement*, o que traduz melhor a ideia de uma carreira que se inicia, e não de algo que se esgota naquele momento. Meu segundo filho, Pedro, nasceu dias depois, em 13 de julho, e antes de aquele julho terminar eu já estava efetivamente começando a minha carreira como professor assistente na PUC-Rio.

Estava empolgado demais com a volta para casa e ansioso para participar dos acontecimentos. Afinal, tinha acompanhado de Cambridge o movimento das Diretas Já, a eleição do presidente Tancredo Neves e seu trágico falecimento, em 1985, a escalada da inflação e o lançamento do Plano Cruzado, que, ao menos no início, entrou para essa prestigiosa galeria de eventos cívicos marcantes, e foi ótimo para os economistas: todas as melhores cabeças jovens do país, nesses anos, fizeram vestibular para Economia, formando as melhores safras de alunos que a PUC-Rio teve em muitos anos. Pena que o cruzado era uma farsa.

De toda maneira, em julho de 1986, eu estava chegando no final da festa. O congelamento de preços já começava a afundar em meio ao desabastecimento, sobretudo de carne, face à insensata combinação de aquecimento de demanda com preços que não podiam se mover. Assisti a funcionários do Ministério da Fazenda em incursões rocambolescas à procura do boi gordo sonegado a milhões de consumidores ávidos por comprar nos preços artificiais das tabelas oficiais. O governo colocou a polícia atrás de quem aumentava os preços. Que trapalhada. Um dos pecuaristas presos, vítima de sua fidelidade às leis da oferta e da procura, teve uma foto publicada nos grandes jornais, com o destaque que se dá aos "inimigos públicos", e um detalhe chamou-me a atenção: ao fundo, no escritório, havia um Macintosh, igual ao meu. Por conta disso, os vigilantes da poderosa SEI (Secretária Especial de Informática) foram em cima do pobre coitado para aferir se ele tinha licença para possuir aquele artefato pecaminoso. Tomaram-lhe os bois e o computador.

Os preços estavam congelados, mas a inflação do mês de agosto de 1986, medida pelo IPCA (Índice Nacional de Preços ao Consumidor Amplo), foi de 3,5%. O IBGE media os preços praticados, onde havia ágio, e não os da tabela; o congelamento, tão patriótico em seus primeiros dias de "fiscais do Sarney", tinha decaído para a degradante categoria de "lei que não pega". Quando a inflação caiu a 1,7% em setembro, lembro-me de ouvir de Dionísio Carneiro, meu colega professor na PUC-Rio, que eu não me preocupasse um segundo pois havia escolhido a especialização correta para o que vinha pela frente. Ele tinha razão: em dezembro, a inflação atingiu 11,6% e, em maio de 1987, inéditos 21,4%, o equivalente a 930% ao ano.

Tudo parecia estranhamente natural, sendo essa, aliás, a mais importante diferença entre a nossa experiência e os episódios europeus. O Brasil convivia com a hiperinflação com inacreditável desembaraço, como se fosse nosso destino e vocação. Como se não houvesse outro jeito. Até hoje há enorme pudor em se empregar essa palavra tão carregada para esta nossa terra abençoada e única, onde não há terremotos e furacões. Parece haver um acordo tácito e tolo para que se use sempre uma linguagem mais amena, quase infantilizada – "superinflação", por exemplo –, para não parecer muito depreciativo. Na aguda observação de Míriam Leitão, o país tem uma estranha tendência de apagar as cores mais vivas da história, como se precisasse dos tons sépia para se reconhecer como povo cordial. Os brasileiros preferem acreditar que a escravidão aqui foi suave. Acredita que as transições foram sempre negociadas, esquece as revoltas e chacinas. Acha que houve apenas uma quase hiperinflação, e que o sequestro do dinheiro coletivo foi só um plano que deu errado.[7]

A disseminação da correção monetária dava às pessoas essa incrível ilusão de que a inflação não causava maiores desconfortos, exceto talvez por uma vertigem, ou uma pequena tonteira, pelo cheiro de queimado e às vezes por uma bala perdida. Era como uma droga que suprimia a dor, e trazia até mesmo alguma euforia, graças a dosagens cada vez maiores, ou seja, com a periodicidade da correção passando de anual a semestral, trimestral e, ao final, diária. Não se engane, a inflação é uma doença da moeda, criada pelo Estado. Entretanto, através da correção monetária, os mesmos criadores do problema fornecem uma espécie de proteção, mas de forma seletiva, como costumam fazer os traficantes que conhecem o seu ofício e querem desenvolver o seu mercado.

Em certo momento do ano de 1989, quando a República completaria seu primeiro século, a hiperinflação se tornou um grande pavor no mundo empresarial, sempre tão leniente com o problema, e como eu era uma espécie de especialista nessa doença que se pensava desconhecida e obscura, comecei a ser chamado para fazer consultorias para gente interessa-

---

[7] Míriam Leitão, *Saga brasileira*. Rio de Janeiro: Record, 2011, p. 442.

da em "preparar-se" para a hiperinflação. Foi curioso. Uma companhia de cigarros famosa pela qualidade e agilidade da sua logística de pagamentos, vendas e entregas apenas descobriu que nada de muito diferente estava para acontecer, se a inflação se acelerasse um pouco mais. Lembro-me de me contratarem na Federação das Indústrias do Estado do Rio Grande do Sul para falar para um auditório lotado, umas 500 pessoas tomadas por uma estranha inquietude diante da suposta iminência de um fenômeno raro. O que ninguém sabia era que já estávamos dentro.

Eu tinha uma boa plataforma para começar minha vida como pesquisador, pois pude transformar os diversos capítulos da minha tese em artigos publicados em revistas acadêmicas no Brasil e no exterior. Com isso, logo alcancei um bom patamar de produção acadêmica e me mantive em sintonia com os grandes debates de conjuntura, sobretudo no tocante à inflação. Era estranho mas verdadeiro: eu era um historiador cujo tema havia se tornado atual, portanto passava a ser um especialista na conjuntura atual.

Mas era preciso desenvolver outros interesses, pois nessa profissão é bom tocar vários instrumentos.

A diversificação de assuntos acabou ocorrendo de forma espontânea quando Winston Fritsch me chamou para trabalhar com ele num projeto sobre empresas multinacionais para o BNDES. Essa pesquisa levou a diversas outras, com os mais variados contratantes, e nos fez publicar uma série imensa de trabalhos sobre multinacionais, políticas de comércio exterior, industrial e de competição. Publicamos um livro sob os auspícios do OECD Development Centre e diversos ensaios em uma porção de coletâneas. Havia muito interesse em estudos comparativos sobre políticas comerciais e "orientação externa" do desenvolvimento, isto é, abertura *versus* fechadura como estratégias alternativas de desenvolvimento para países emergentes. Era um momento especial nesse domínio, pois estávamos nos aproximando do governo Collor, quando a abertura teria um grande impulso, e em toda parte o fenômeno da globalização começava a explodir como tema de pesquisa e também como assunto para políticas públicas, diplomacia econômica e para grandes conferências internacionais.

É muito importante acertar nos assuntos da sua especialização profissional. Acertei primeiro com as hiperinflações, quando muita gente achava que o tema era distante de nós. Acertei depois, com o investimento intelectual feito em aprender sobre empresas multinacionais, *e a partir daí* entender os grandes temas de economia internacional, incluindo tanto as complicações do comércio exterior quanto aquelas pertinentes ao investimento estrangeiro e o portentoso fenômeno da globalização. Era interessante trabalhar nesses assuntos no Brasil, e opinar sobre política industrial e protecionismo, temas tabu e que eram tópicos tradicionalmente dominados pelos economistas da UFRJ e da Unicamp, de vezo marxista e/ou muito claramente hostis à globalização e à abertura. O momento era de abrir as velas para a economia internacional, o contrário do que essa turma costumava professar. Winston e eu chegamos a sofrer certo bullying por invadir um campo de especialização de outra casta, exatamente como descrito pelo professor Liebfraumilch no seu relato sobre os Econs do Norte. Os Econs da Urca (onde fica o campus da UFRJ que abriga a Faculdade de Economia) pareciam funcionar do mesmo jeito.

Winston e eu atuamos como assessores do candidato Mário Covas no primeiro turno da eleição presidencial de 1989, integrando o grupo que ia instrumentalizar o que ficou conhecido como "o choque de capitalismo" proposto por Covas. Mas não fomos para o segundo turno, as duas campanhas que voltariam a se enfrentar nos chamaram para conversar e muito do material que produzimos acabou repassado para a equipe do presidente Collor, cujas medidas provisórias iniciais tratando de abertura, das quais ele tem justificado orgulho, foram em boa medida escritas por nós. Além de Winston e eu, nosso grupo tinha Fátima Dib e Eduardo Augusto Guimarães, que depois veio a ser secretário do Tesouro e presidente do Banco do Brasil. José Roberto Mendonça de Barros, também do grupo, preferiu não colaborar com a equipe de Collor. Do lado deles, que eram numerosos, lembro-me de João Maia e de Luiz Paulo Vellozo Lucas, também do BNDES, que depois teve uma carreira política de destaque no Espírito Santo.

O trabalho de pesquisa, tanto aí como nas alternativas de combate à hiperinflação, era encantador, mas todos tínhamos deveres no tocante ao ensino. Era interessante lecionar na pós-graduação, especialmente nos assuntos em que estávamos trabalhando, como foi o caso da sequência de cursos de economia internacional que eu e Winston conduzimos. Havia sinergia entre ensino e pesquisa, e os alunos desenvolviam bons temas de tese associados ao que vínhamos fazendo. Na graduação, o trabalho tinha uma natureza mais missionária. Durante vários anos fui o responsável pela cadeira de Análise Macroeconômica A, e as turmas que peguei eram justamente aquelas conhecidas como "a safra do cruzado", os que fizeram vestibular para a PUC no período 1986-1988. Nessa turma, uma das melhores que a PUC-Rio já teve, estavam muitas estrelas em ascensão dos mundos financeiro e acadêmico, meninos e meninas que haviam começado como estagiários em instituições com Garantia, Pactual e Icatu e que, no quinto período de Economia, já pareciam ganhar muito mais do que nós, seus professores. Havia certo exagero nisso, é claro, mas o fato é que fui testemunha do notável crescimento da agressividade na disputa pelos estagiários da PUC empreendida pelos bancos de investimento da cidade. O recrutamento deixou de ser entre alunos dos últimos períodos e se voltou para o segundo ou terceiro no máximo, e de acordo com o CR (coeficiente de rendimento), a média acumulada das notas do aluno. Ao mesmo tempo, eu sabia que esse curso servia como filtro e reprovava algo entre um terço e um quarto dos matriculados. Isso e a prática de notas relativas, pela qual a maior era 10, desde que maior que o 6 absoluto, criava um clima meio darwinista que fornecia inestimável preparo seja para quem adentrasse o mercado financeiro ou para quem quisesse seguir pela via acadêmica.

Em paralelo a isso tudo, há um momento em que você começa a ser visto como pesquisador antenado e a ser solicitado pela imprensa. É por aí que se entra nas grandes correntes de debate, especialmente ao escrever artigos de jornal, e começa uma espécie de "vida pública". Essa é uma febre que o toma de assalto sem que você se dê conta. É quando você se pega usando a expressão "o debate nacional", ou percebe que lê as colunas de opinião dos jornais de domingo, ou os embates nas redes sociais, como quem está com uma faca entre os dentes. Esse é um momento vocacional importante: se você gosta de uma encrenca com gente cujas ideias você tem convicção que não prestam, e se você aspira fazer ferver o sangue *deles*, então você é dos nossos, e será do tipo que vai ter uma carreira fora da universidade, onde quer que seja. Foi o que se passou comigo.

O passo seguinte é começar a escrever seus próprios artigos e assim dialogar com gente de fora da profissão. No curso de economia, infelizmente, os alunos não são treinados a escrever, como se faz, por exemplo, com os advogados, que precisam convencer juízes e desembargadores através da palavra escrita. Mas quem foi que disse que o trabalho do economista não envolve persuasão? Na verdade, há quem diga que os economistas não fazem outra coisa. E, pessoalmente, confesso, vejo-me permanentemente empenhado em levar as pessoas na direção das ideias corretas em economia. Por que tergiversar? Em muitos temas, nessa profissão, a neutralidade e a moderação representam apenas uma condescendência indevida para com a tolice.

Meu primeiro artigo de jornal saiu em 31 de março de 1988 no prestigiadíssimo *Jornal do Brasil*, que nem mais existe, infelizmente, com um premonitório título "A hiperinflação no Brasil", que não me parecia exagerado naquele momento em que a inflação pelo IPCA já estava em 17,6% *mensais*. Em janeiro de 1989, pouco antes do Plano Verão (quarto e último plano de estabilização econômica do governo Sarney), o IPCA já tinha alcançado 37,5% de variação no mês. Logo depois, em junho de 1989, uma oportunidade espetacular: o *Jornal do Brasil* me mandou para Buenos Aires como uma espécie de correspondente de guerra: eu passaria uma semana no "campo de batalha" a fim de relatar a hiperinflação *deles*. Que encantadora experiência, entrar nesse universo paralelo, a inquietante e indecifrável similaridade entre nós, *hermanos*. Nesse primeiro contato, perambulei pelos subúrbios, conversei com cidadãos que iam de quitandeiros a ministros, procurando respostas, mas eu só conseguia enxergar a melancolia e o torpor diante da marcha da hiperinflação: 41,5% para maio e incríveis 102,5% para junho. Em meu primeiro artigo dessa série – "O mistério da inflação normal" –, tratava dessa estranha apatia que unia Brasil e Argentina diante da tragédia. Como se não houvesse escapatória. Anos depois, leria *O atroz encanto de ser argentino*, de Marcos Aguinis, e voltaria muitas vezes a esse mágico país irmão e desencaminhado, fonte inesgotável de boas lições e maus exemplos, como na observação ferina de Marcos Azambuja, nosso mais espirituoso diplomata.

Os artigos de jornal acabam levando a polêmicas, artigos que contestam artigos, diálogos difíceis, tudo pela imprensa. Eu tive várias, réplica, tréplica, recado malcriado, fofoca, torcida, mal-estar. A seguir, imagine, virei colunista da *Folha de S.Paulo*, ocupação adorável para alguém com ganas de debater, num país com tantas encrencas e fingindo-se de cordial.

O último artigo que escrevi para eles, publicado em 16 de maio de 1993, ironicamente chamava-se "Um cheiro de enxofre no ar". Pouco antes, tinha publicado no *Globo* um texto intitulado "O circo armado". Eram artigos bem críticos dos rumos da presidência de Itamar Franco, que já tinha tido três ministros da Fazenda em pouco mais de um ano e parecia que ia reproduzir o final do governo Sarney. Mas os artigos já estavam na rua quando o quarto ministro, o senador Fernando Henrique Cardoso, que até então ocupava a pasta das Relações Exteriores, me telefonou de Washington com um convite para ir trabalhar com ele em Brasília. Era uma aventura, mas não pensei duas vezes.

Quase não fui nomeado por conta dos artigos, e a sorte foi que não viram "Você é populista?", o mais insolente de todos, publicado no *Globo* em 24 de outubro de 1992, que parece ter passado despercebido.

O artigo está no anexo a seguir e é divertido inclusive pelo formato: um questionário com 10 perguntas para o leitor medir o seu "quociente de populismo" (QP). A grande ironia era o que aconteceria se a sua pontuação fosse alta: "Não se surpreenda se receber um convite para trabalhar para o Itamar". Digamos que era uma prova de que isso não estava nos meus planos.

Minha nomeação para o cargo de secretário adjunto de Política Econômica do Ministério da Fazenda saiu depois de algum tempo, claramente houve uma hesitação. Poderia perfeitamente ter sido bombardeada, era o normal, a vida teria sido muito diferente. O fato é que, no que se seguiu, o presidente Itamar Franco parecia sempre um tanto agastado comigo, acho que alguém lhe mostrou esses artigos. Como eu era colunista da *Folha*, não viram o texto do *Globo*, sobre o QP, ou fingiram que não viram, ou simplesmente foram magnânimos, nunca vou saber.

Meu conselho sobre o episódio: *não faça como eu*. Perca a piada, guarde para você. Nada que ver com deixar de falar o que pensa – isso deve sempre ser exercido de forma seletiva, tendo em vista, inclusive, que é você quem faz a seleção. Ruim mesmo teria sido perder esse trem.

Anos depois, em janeiro de 1998, eu teria uma polêmica pelos jornais com Itamar Franco, agora ex-presidente, sobre detalhes da Medida Provisória do Real em torno do controle de preços. Ele alertava sobre "o perigo que representa para as sociedades democráticas certo tipo de comportamento adotado por tecnocratas que assumem funções transitórias no serviço público".

Ainda em 1993, em outubro, com a vinda de Pedro Malan para a presidência do Banco Central, este perigoso tecnocrata assumia a Diretoria de Assuntos Internacionais do BC. A inflação estava em 27,7% e subindo, mas uma extraordinária aventura estava para começar.

Anexo

Você é populista?
Publicado no jornal O Globo, a 24 de outubro de 1992

Classificar economistas segundo correntes de pensamento sempre foi um esporte popular, mas as predileções que a profissão exibe pela conciliação e pela retórica dificultam muito essa prática. Quais são, afinal, as correntes de pensamento econômico brasileiro? Como podem ser classificados os novos ministros? Serão pós-keynesianos? Neoestruturalistas? Como distinguir uns dos outros, se o que dizem soa tão anódino?

Com efeito, não há nada mais fácil nos dias de hoje do que escrever um documento sintético sobre as prioridades econômicas nacionais e com o qual todos concordem. Os 13 pontos dos ministros Haddad e Krause não são exceção. Todos somos, em princípio, a favor da modenização, da reforma fiscal, da competitividade, do crescimento, de maiores salários, etc. É claro, todavia, que esses consensos são frágeis e ilusórios, e que elucidar as divergências seria ao menos informativo para o cidadão comum.

Este artigo, através do teste que se segue, faz uma experiência de classificação de economistas e interessados em geral segundo o que pensam acerca de questões macroeconômicas.

1. Derruba-se a inflação:
(a) com coordenação (acordos) de preços & salários, desindexação, contingenciamento fiscal e reforma financeira;
(b) reativando o mercado interno aumentando os salários;
(c) com o Marcílio sem a Casa da Dinda;
(d) com um banco central independente.

2. A prefixação negociada no âmbito de um pacto social é:
(a) um imperativo;
(b) ótima para desovar estoques encalhados;
(c) o mesmo que cinco doses de uísque nacional;
(d) ilegal numa economia de mercado.

3. O imposto único é:
(a) uma alternativa promissora;
(b) a salvação nacional;
(c) falta de assunto;
(d) um avião de uma asa só.

4. Reforma fiscal é:
(a) acabar com a ciranda financeira, tributar as grandes fortunas e fundar a dívida;
(b) reduzir a carga tributária sobre as empresas;
(c) um orçamento que preste;
(d) 300 mil barnabés no olho da rua.

5. O Banco do Brasil e a Caixa Econômica Federal devem ser:
(a) reestatizados;
(b) distribuidores de cenouras imunes ao clientelismo;
(c) bancos feito os outros;
(d) fechados.

6. O déficit público:
(a) tem caráter financeiro;
(b) tem caráter obrigatório numa economia que cresce;
(c) tem caráter fisiológico;
(d) não tem caráter.

7. A liberalização das importações:
(a) avançou muito rapidamente e pode sucatear a indústria;
(b) é uma farsa para enganar os americanos;

(c) avançou tão devagar que as importações caíram;
(d) é a chave da modernidade.

8. O acordo tripartite na indústria automobilística é:
(a) uma alternativa a ser considerada;
(b) uma mistura de pragmatismo e lobby bem executado;
(c) uma picaretagem;
(d) inconsistente com a Lei de Defesa da Concorrência.

9. As "perdas internacionais" são:
(a) a dívida externa e suas sequelas;
(b) uma metáfora esperta;
(c) um bode azul com asas;
(d) uma metáfora idiota.

10. As câmaras setoriais são:
(a) uma experiência de democracia industrial;
(b) um lugar para conversar;
(c) o vampiro no banco de sangue;
(d) um psicodrama de lobistas.

Para saber o seu resultado, conte um ponto para cada resposta (a), meio para as respostas (b), zero para (c) e subtraia meio ponto de seu escore para cada resposta (d). A pontuação total vai de menos cinco a dez, e o escore mede o seu "quociente de populismo" (QP), ou seja, o quanto de voluntarismo inconsequente e/ou macroeconomia suspeita você usa para pensar os problemas brasileiros.

Se você tirou acima de oito, comece a se preocupar: você é um dinossauro e pensa que ninguém está vendo. Não se surpreenda se receber em breve um convite para trabalhar para o Itamar.

Um escore de cinco a oito indica que você está meio indeciso, afinal, o mundo mudou, o muro caiu e todos estamos perplexos. Você pode ser um burocrata pragmático que dança conforme a música e que está incerto sobre a direção do vento ou um empresário flertando com as mudanças mas ainda desconfiado.

Abaixo de cinco é um escore para céticos quanto às alternativas de políticas econômicas mais faladas. Você sente que tudo que sempre se fez está equivocado, e que o mundo não é mais o mesmo, e que há corrupção e charlatanismo por toda parte. Das duas, uma: ou a inércia e a falta de imaginação tomaram conta da política econômica, ou então você está precisando de psicanálise.

Um escore ligeiramente negativo comporta a mesma avaliação, mas se for inferior a menos dois você exagerou e o Itamar tem razão: você levou muito a sério a modernidade colorida e está a um passo do Instituto Liberal.

6
O sonho de qualquer economista

Prezado(a),

O assunto desta carta é o serviço público, ou o envolvimento direto na política econômica, ou sua participação como ator ou autor dos enredos que você estudou ou venha a estudar, algo que acontece na vida do economista; não é muito comum, mas pode acontecer com você. A cada convite corresponde uma circunstância. Pode perfeitamente ser um passaporte para a Glória, e não esqueça que você terá de pagar o bonde. O mais comum, no entanto, é que seja algo do qual você deve se afastar. É importante evitar as ilusões e analisar suas chances de sucesso com muita frieza e disciplina.

    Minha experiência nesse domínio é bastante rica e incomum, por ter participado da formulação e implementação do Plano Real, mas mesmo assim, ou talvez especialmente por isso, queria adverti-lo dos perigos de se romancear o trabalho no governo. Em dezembro de 2002, tempos depois de voltar à vida civil, escrevi um artigo para a revista *Veja* intitulado "O pior emprego do mundo", com o intuito de chamar a atenção para o lado *ruim* da coisa e sugerir que nós, cidadãos, não deveríamos tratar tão mal as pessoas nas funções públicas. De todos os meus artigos, esse foi o campeão de cartas de leitores. Funcionários públicos, em grande maioria, escreveram de todas as partes do Brasil oferecendo incontáveis exemplos emocionantes de dedicação *não correspondida* a isso que chamamos de "coisa pública".

Não há dúvida de que a carreira pública tem muito da grandeza e dignidade que existe na docência. A diferença reside nas responsabilidades e pressões, bem maiores, assim como a solidão. Quem já esteve no serviço público sabe que a rotina se compõe quase exclusivamente de incêndios e pressões. Joga-se na retranca a maior parte do tempo, defendendo a pobre viúva, e quando se tem a iniciativa, nunca se consegue agradar incondicionalmente. De 50 decisões diárias, 47 são respostas negativas em pleitos pessoais, muitos com padrinhos políticos e acompanhados de mensagens do patrocinador. Entre as três restantes há um "talvez", um "sim" sob condições e uma única aprovação inequívoca que os 49 rejeitados e seus amigos e padrinhos vão achar enviesada ou pior.

É normal que o alto funcionário público colecione desafetos em razão do número sempre crescente de contrariados e desatendidos. Eles serão seus inimigos para o resto da vida, ao passo que os beneficiados com o seu trabalho são tantos, e os benefícios tão dispersos, que nem notam o resultado das suas ações. Essa é uma maldição verdadeira e peçonhenta – não como aquela do Dr. Howard Carter –, e é nítido que costuma ser ainda mais forte quando se trata das famosas "reformas econômicas".

Foi esse o assunto central de uma conversa que tive em 1998 com o então ministro da Fazenda da Argentina, Domingo Cavallo, numa rara visita dele a Brasília. Ambos estávamos às voltas com a crise iniciada na Rússia, o mundo parecia cair sobre nossas cabeças, mas ele olhava para o futuro com apetite e estava particularmente obcecado em evitar essa maldição, que ele gostava de descrever em detalhes e elaborar sobre uma de suas vítimas mais famosas, ninguém menos que Mikhail Gorbatchov, um estadista que foi devorado pelas vítimas residuais do seu sucesso. Gorbatchov foi, com honras, o maior reformador do século passado, o homem que conseguiu completar a transição para o capitalismo na

União Soviética sem que isso provocasse uma guerra civil, ou mundial, com armas nucleares e químicas, e ao final do processo não seria capaz de eleger-se síndico do prédio onde morava nos subúrbios de Moscou, tantos foram os inimigos que acumulou. Há, portanto, um desgaste inexorável para quem faz reformas, independentemente de terem sido sumamente bem-sucedidas. No ano seguinte, Cavallo disputaria, sem sucesso, a presidência da Argentina, e, depois, a prefeitura de Buenos Aires, igualmente sem sucesso. Foi ministro de novo, chegou a ser preso, e a se estabelecer nos Estados Unidos. Ele nunca desistiu, mas não escapou da maldição.

O fato é que, numa escala menor, se o alto funcionário público se torna *popular*, alguma coisa está errada, pois seu ofício é o de ser sentinela dos interesses difusos, e das maiorias mudas, portanto em permanente tensão com minorias privilegiadas sempre presentes; não existe emprego mais solitário. É uma espécie de sacerdócio, porém pior, pois é exercido sob a rigorosa vigilância dos órgãos de controle do setor público, e sob os olhares atentos e desconfiados da imprensa. O cidadão comum, tornado autoridade, transforma-se, do dia para a noite, numa espécie de celebridade acidental, sempre a um passo de um escândalo. Não pode mais andar sem camisa no calçadão, dançar nas festas, tomar umas e outras, xingar o motorista do carro que lhe dá uma fechada e escapar dos chatos que o alugam em recintos públicos. A patrulha é imensa e impiedosa. Todos os pequenos detalhes da sua vida podem se tornar assunto de colunistas maldosos. Você não poderá chegar em Brasília com uma mala mais arrumadinha, pois sempre haverá um engraçadinho para dizer que o adereço é incompatível com a função – como Elio Gaspari fez comigo a propósito de uma Louis Vuitton. Pior que isso foi, certa vez, ficar parado na rua esperando o meu carro e ver fotógrafos trazerem uma criança carente para posar ao meu lado de mão estendida. Não pense que é brincadeira, pois aconteceu na véspera da minha sabatina para assumir a presidência do BC, quando visitava o Senado, e saiu em todos os jornais. No dia seguinte, na Comissão de Assuntos Econômicos em sessão, o senador Eduardo Suplicy (ninguém faria melhor) me perguntou respeitosamente:

– O que Vossa Senhoria, que quer ser presidente do Banco Central, pretende fazer no plano da política social para resolver esse problema dos meninos de rua? Nem esmola Vossa Senhoria deu...

Veja que primor em matéria de carnavalização do politicamente correto. Respirei fundo e soltei com naturalidade a resposta que a boa técnica econômica recomenda, esta, aliás, a receita infalível diante de qualquer provocação dessa laia:

– Excelência, o Banco Central não faz política social, não é sua função. Na verdade, a melhor política social que pode fazer é defender o poder de compra da moeda nacional, assim evitando que o pobre seja "tributado" através da inflação, o mais cruel dos impostos, e o mais ilegítimo, pois é cobrado sem que esta casa aprove a sua existência, senão tacitamente.

E lá fui eu. Até o Elio Gaspari elogiou.

Não obstante tudo isso, e o salário modesto, os processos judiciais politicamente teleguiados, as horas intermináveis em CPIs, os jornalistas incansáveis, as noites maldormidas, a virulência "democrática" da oposição, a distância de casa, quero deixar claro de partida, sem nenhuma ponta de hesitação, que não trocaria os seis anos e meio que passei trabalhando para o governo por nada desse mundo.

Trabalhei no Ministério da Fazenda e no Banco Central do Brasil, onde fui diretor de Assuntos Internacionais e presidente em uma época extraordinária, cujo evento crucial, ao qual tudo estava ligado, era o Plano Real, ou seja, a histórica vitória sobre a hiperinflação, algo do qual todos os economistas que conheço, exceto pelos psicopatas, gostariam de ter participado. Como eu poderia imaginar, quando garimpava relíquias na Widener, que menos de 10 anos depois iria participar de um evento assim tão gigantesco?

Afirmo sem um pingo de dúvida que o Plano Real foi para nós como a derrubada do Muro de Berlim, uma transformação de múltiplas dimensões e que abriu imensas possibilidades. Sei também, através do economista, diplomata e professor Roberto Campos, que o Brasil não perde a oportunidade de perder oportunidades, mas isso é outro assunto, vamos deixar para depois.

Minha impressão àquele tempo era de que o real dera início a uma época semelhante aos primeiros anos da República em muitos aspectos – o alargamento de horizontes, a polarização e a sensação de que uma nova ordem parecia emergir dos escombros da velha, numa velocidade que fascinava mas também assustava a muitos e numa direção que parecia incerta. Isso porque os caminhos do internacionalismo e da modernização encontrariam monumentais resistências, sobretudo de minorias descontentes, mas também, ainda que mais amena, de uma sociedade eufórica com a estabilização porém confusa quanto aos clássicos dilemas trazidos pelo progresso e suas vítimas, as inocentes e as outras nem tanto. Era a "destruição criadora" do economista austríaco Joseph Schumpeter, uma referência que incomodava a oposição tanto quanto o sucesso do real. Maria da Conceição Tavares, ao terminar seu mandato como deputada federal, publicou um livro com o título ilustrativamente zangado, privilégio dela: *Destruição não criadora: Memórias de um mandato popular contra a recessão, o desemprego e a globalização subordinada*.

Bem, eu poderia escrever muitas cartas, e livros, sobre a experiência do Plano Real, e já vou me desculpando pela escolha arbitrária dos ângulos ou dos incidentes de que vou tratar. De fato eu já escrevi muito sobre o assunto: o primeiro livro, bem técnico, em 1995, *O Plano Real e outros ensaios*; o segundo em 1999, durante a minha quarentena, depois de sair do Banco Central, *O desafio brasileiro*; e o terceiro e mais ricamente refletido e trabalhado foi *A moeda e a lei*, de 2017. Some-se a isso uma infinidade de artigos, especialmente nas diversas datas comemorativas, sendo que aqueles referentes aos primeiros 10 anos foram reproduzidos na coletânea *Crônicas da convergência*, de 2006.

Tenho para mim que *A moeda e a lei*, em suas carregadas 847 páginas, fornece o relato mais completo do Plano Real em todos os seus pequenos e grandes detalhes. Publicado apenas em 2017, com um bom distanciamento dos eventos, o livro começou como um curso oferecido pela primeira vez em 2004, mas repetido várias vezes nos anos que se seguiram, para os alunos do último período de graduação em Economia na PUC-Rio. Os termos de referência do curso (que não era disciplina obrigatória), pelo qual eu procurava atrair alunos interessados, argumentava que "fazer política econômica dentro de um *Estado de direito* pressupõe que o profissional de economia possa dialogar com as leis e instituições que corporificam a democracia, sendo essa a lacuna que esse curso pretende contribuir muito modestamente para preencher".

É simples a mensagem: se você chegar a Brasília sem saber a diferença entre uma emenda constitucional e uma circular do Banco Central, ou entre uma medida provisória e uma lei complementar, não vai acertar nada. Talvez não fosse animador como marketing para o curso: para quem já estava saturado de matemática, a descoberta de que ainda tinha que aprender Direito não era uma boa notícia. Mas o curso foi ficando mais interessante à medida que se convertia em uma "história monetária do Brasil" (como está no subtítulo do livro), concentrada no período 1933-2013, os 80 anos cruciais para a passagem da moeda metálica para a fiduciária, ou para a "moeda papel", a criatura de uma lei nacional. Com esse eixo narrativo, ficou claro que tínhamos como objeto de estudo uma etapa transcendente e especialmente confusa da nossa história.

Em bom português, a nossa história monetária é nada menos que uma baderna: o Brasil meteu os pés pelas mãos em assuntos monetários inúmeras vezes, e tudo parecia relacionado com o estabelecimento da moeda fiduciária. Assim sendo, a hiperinflação, bem como a reforma monetária de 1994, que criou o nosso oitavo padrão monetário desde o cruzeiro de 1942, ganharam um contexto histórico e um enredo.

Foi maravilhoso, *ex post facto*, exercer meu ofício de economista historiador, estudando eventos de que participei e sobre cuja lógica tinha um olhar privilegiado.

Talvez eu esteja condenado a reviver o Plano Real e seus episódios ainda muitas vezes, o que faço com alegria e espero fazer ainda por muitos anos, em estrita obediência à sabedoria avassaladora do historiador José Murilo de Carvalho: "(...) batalhas históricas", ele ensina, "são travadas pelo menos duas vezes. A primeira quando se verificam na forma de evento, a segunda quando se trata de estabelecer sua versão histórica ou sua memória. A primeira é uma batalha histórica, a segunda um combate historiográfico".[8]

No linguajar mais mundano da imprensa, trata-se aqui do fato e da versão, ou da narrativa.

Mas antes de você se ver exposto a qualquer relato, romance ou lenda sobre a hiperinflação e sobre o Plano Real, e aqui você não vai ter uma opinião isenta pois sou parte dessa história, vamos ter clareza sobre os fatos, pois a memória da tragédia vai evaporando lenta e perigosamente, abrindo caminho para reconstituições amalucadas do que se passou. Basta um único número para que você tenha uma ideia do tamanho da coisa:

20.759.903.275.651%

São vinte trilhões (!!!), setecentos e cinquenta e nove bilhões, novecentos e três milhões, duzentos e setenta e cinco mil e seiscentos e cinquenta e um por cento de *inflação acumulada entre abril de 1980 e maio de 1995*. São cerca de 15 anos. Abril de 1980 foi o primeiro mês em que a inflação, no acumulado de 12 meses, superou 100%. Maio de 1995, com pouco menos de um ano de Plano Real, foi o último. São *16% mensais em* média durante *esses malditos 15 anos*. Esse era o monstro que havia para combater, a cura do câncer, nada menos; para qualquer economista da minha geração, não havia nenhum outro assunto, nada que pudesse ser tão superlativo e envolvente.

Duvido muito que você se lembre disso, afinal, quem nasceu depois de julho de 1980 fez 15 anos com moeda estável, portanto jamais recebeu um salário que teve 40% de seu valor corroído em 30 dias e terá uma lembrança meio infantil dessa enorme tragédia. Aliás, tenha claro que levou muitos anos para chegarmos a esse ponto. Foram décadas de uma inexplicável e inacreditável apatia, numa incrível sucessão de erros e omissões, ou de paradoxos da ação coletiva, e de corrupção e

---

[8] José Murilo de Carvalho, *Pontos e bordados: Escritos de história e política*. Rio de Janeiro: Topbooks, 2021, p. 65.

vigarice intelectual por meio dos quais destruímos a moeda nacional, não uma, mas oito vezes: entre 1942 e 1994 tivemos oito padrões monetários, sendo que em diversas dessas mudanças tivemos também um corte de três zeros na unidade monetária, como uma criança que troca as fraldas. Não creio que haja outro país com esse triste retrospecto. Há casos parecidos de inflação, mas, em matéria de troca de moeda, somos os campeões mundiais.

Você pode apenas imaginar os danos de se maltratar desse jeito um símbolo nacional, que é tão importante quanto a bandeira e o hino. A hiperinflação, como descreve o escritor Elias Canetti, é "uma orgia satânica de desvalorização na qual os homens e as unidades do seu dinheiro exercem os mais estranhos efeitos sobre si mesmos. Um se projeta sobre o outro, o homem sentindo-se tão *ruim* quanto o seu dinheiro".

Não deve haver dúvida de que vai ser muito difícil para que o organismo se desintoxique totalmente da imensa e lamentável lista de sequelas que essa "crise de valores" nos legou. O inflacionismo se parece com o alcoolismo, não existe cura, só abstinência.

Só um perfeito idiota latino-americano de carteirinha – e você vai achar vários deles por aí, há inclusive um livro engraçado com esse epíteto no título, vale olhar – seria capaz de afirmar que essa inflação toda era "neutra", "inercial", "inerente ao modelo", ou que tinha "caráter financeiro". Bem dizia Mario Henrique Simonsen: inflação não tem caráter. É o pior dos impostos, incide especialmente sobre o pobre, você pode certamente indagar as razões pelas quais o fenômeno *não parece* tão dolorido.

Você deve se lembrar do que falamos, em cartas anteriores, sobre coletividades que se comportam de modo irracional, e de que esta é a chave temática da macroeconomia moderna. Pois bem, em 1994 tínhamos diante de nós a mãe de todas as patologias macroeconômicas, a hiperinflação, uma criatura tão impressionante e ameaçadora quanto a Grande Depressão e que já havia devorado muitos como nós. Tínhamos como armamento básico a boa técnica profissional e a experiência acumulada de nossos antecessores, bem como os medicamentos e as tecnologias desenvolvidos nos pacotes de medidas anteriores. Trabalhamos sobre os ombros de (alguns) gigantes, mas também com a companhia incômoda de alguns anões – como os do orçamento, que originaram um escândalo de corrupção e uma crise política em 1993 e que mesmo depois disso continuavam por perto. Tínhamos os exemplos históricos, as chaves de outros países e eu acreditava que estávamos em companhia de vários espíritos, que nos sopravam coisas durante a noite, entre eles Hjalmar Schacht (1877-1970), o condutor da estabilização alemã em 1923. Pedro Malan foi o maior incentivador para que lêssemos a extraordinária autobiografia de Schacht, posteriormente traduzida para o português e publicada sob o título *Setenta e seis anos de minha vida.*

Mas a despeito das premonições e mensagens psicografadas, não tínhamos dúvida que a medicina convencional ia funcionar, e essa era, com efeito, a primeira vez em tantos pacotes que íamos atacar os "fundamentos", as verdadeiras causas do problema. Como se pode demorar tanto tempo para se tratar de uma infecção com antibióticos?

Pois é. Vi uma vez Bill Clinton em pessoa dizer sobre os Estados Unidos algo que parece mais próprio para nós: o país vai escolher a alternativa correta para resolver os seus problemas, porém não antes de experimentar todas as outras. A frase original é de Churchill, a propósito da entrada dos americanos na Segunda Guerra Mundial, que estava demorando. Mas ouvir a mesma fala da boca do presidente dos Estados Unidos, com uma sutil insinuação de que valeria também para o Brasil, é quase tão bacana quanto ouvir a original.

É claro que tudo parecia impossível quando observado em meados de 1993. Nenhum de nós achava que ficaria muito tempo em Brasília: dormíamos em hotel, bastavam duas mudas de roupa e tínhamos sempre à mão a passagem de volta. Acho que isso alterou bastante a nossa psicologia decisória e nos levou desde cedo a uma política de tolerância zero com qualquer coisa que ameaçasse a integridade técnica do que estávamos tentando construir. Uma vez garantida a nossa independência e atendidos os nossos pedidos, todavia, tínhamos a obrigação de entregar a solução. Com todo o seu proverbial encanto e carisma, essa era a mensagem do ministro da Fazenda, Fernando Henrique Cardoso:

"Façam o trabalho de vocês que dos limites do possível cuido eu."

O nascimento do real envolveu uma primeira fase de assembleias, e de livre pensar, na qual muita gente chegou com ideias ousadas, uma das mais fortes a do *currency board*, à semelhança do que se fez na Argentina. FHC conduzia as reuniões com fidalguia, e com a bossa e a linguagem de parlamentar. Soa curioso lembrar que, quando me dava a palavra, dizia: "O que a liderança do PDT tem a dizer?"

Chico Pinto, André Lara Resende e Pérsio Arida eram a bancada do PDS, conforme a definição do ministro. O debate era permanente e divertido, e o gabinete, de coalizão. Eu era o heterodoxo do grupo, acredite se quiser...

Mas as coisas ficaram bem mais sérias numa segunda fase, mais organizada, de efetiva formulação, montagem, planejamento e sobretudo execução, quando se colocam as mãos na massa, se assinam documentos e se assumem posições públicas em entrevistas coletivas diante do país. Vamos combinar que influência intelectual é uma coisa, até Platão pode estar no grupo. Mas na hora de executar é que o bicho pega.

A evolução das coisas a partir daqui já foi bem esmiuçada em diversos relatos escritos sobre o Plano Real, não cabe repetir. O resultado foi uma arquitetura sofisticada pela qual criamos, em 28 de fevereiro de 1994, a URV (unidade real de valor), uma *segunda* moeda nacional, porém uma moeda *apenas de conta*, ou "para servir exclusivamente como padrão de valor monetário". Tínhamos aí uma síntese de muitas ideias, algumas nossas – diversas variantes de moedas indexadas tinham sido cogitadas no passado, como a imaginada por Pérsio e André – e outras emprestadas de locais distantes: o *rentenmark* alemão, a chave da estabilização conduzida por Schacht, não era muito diferente disso. Naquele momento também determinamos que quando a URV fosse *emitida* em forma de cédulas, e assim passasse a servir para fazer pagamentos, o cruzeiro real seria extinto e a URV teria seu nome mudado para real. A inflação tinha "desagregado" as funções da moeda nacional, distribuindo-as entre uma grande variedade de instrumentos; agora, tratava-se de reunificar sequencialmente essas funções num único veículo, o real. Todos os detalhes técnicos, e também alguns dos sórdidos, estão descritos em meu livro *A moeda e a lei*.

O ministro FHC se empenhava muito em afirmar que o Real, diferentemente dos outros planos econômicos, era um *processo*, uma espécie de pacto social por adesão, em que cada brasileiro deveria perceber as vantagens de voluntariamente "juntar-se" ao novo plano, de tal modo que as conversões contratuais, aí incluídos preços e salários – a maior dor de cabeça de todos os planos –, se fizessem, tanto quanto possível, de forma voluntária. Nesse sentido, a URV funcionava como uma espécie de vírus do bem, ou de vacina, que ia "consertando" os preços relativos pela via da transparência, à semelhança do que tinha se passado em diversos casos de dolarização nas velhas hiperinflações europeias e também na Argentina.

Mas o programa compreendia *também e principalmente* uma extensa agenda de ações de médio prazo contemplando os chamados *fundamentos econômicos* da estabilização e do desenvolvimento. Era preciso afirmar que consertar as coisas levaria tempo, ainda que provavelmente menos tempo do que fora necessário para estragá-las. Essa era uma mensagem inovadora para uma época em que as pessoas ainda acreditavam em milagres, e não em cânones internacionais para as políticas pertinentes à saúde da moeda. A adesão à URV e a agenda fundamentalista eram o cerne do programa, e a passagem do tempo, somada à alternância no poder, apenas tornou mais claro que estávamos adotando paradigmas já bastante bem assentados, em particular no tocante à disciplina monetária, à responsabilidade fiscal e à sustentabilidade financeira do Estado. Despida dos rótulos manufaturados pelo imaginário político, era disso que se tratava, e ainda se trata, o real.

Quatro meses depois de introduzida a URV, no dia 1º de julho de 1994, demos por encerrada a fase de adesão e iniciamos a emissão das cédulas desta nova moeda, agora com o nome de real. O Banco Central se encontrava revigorado pelo papel que tivera em "explicar" a URV e pela reforma na composição do Conselho Monetário Nacional, que ampliava de várias formas a independência do BC. O cruzeiro real deixava de ser moeda, e em seus últimos seis meses de vida, o primeiro semestre de 1994, a inflação média mensal pelo IPCA tinha sido de 43,1%, ou de 7.260% anuais. Nos primeiros 12 meses de vida da *nova* moeda, contados a partir de 1º de julho, a inflação medida pelo IPCA atingiu 33% *para o ano*, um progresso fabuloso, mas um número ainda inviável. Felizmente, tivemos o tempo e a paciência para prosseguir. No acumulado de 12 meses, a inflação caiu abaixo de 20% anuais apenas em abril de 1996, 22º mês do plano, e abaixo de 10% anuais não antes de dezembro, 30º mês da nova moeda. No ano calendário de 1997, o IPCA cresceu 5,2%, e em 1998 a inflação pelo IPCA foi a menor em nossa história: 1,7%.

Sim, trouxemos uma inflação de 7.260% anuais para menos de 2% em cerca de quatro anos. Quem prometesse esse tipo de resultado em 1993 teria sido taxado de farsante ou coisa pior. E mais: muita gente ficava apontando os erros da construção. Fico me perguntando como teria sido fazer o "certo".

Edmar Bacha, que fez parte da equipe idealizadora do Plano Real, sempre lembrava, e contou em detalhes em seu livro novo, uma audiência pública na Comissão de Assuntos Econômicos do Senado em março de 1994 em que Maria da Conceição Tavares afirmou: "Se der certo, vocês ganham o Prêmio Nobel. Se der errado, vão para Harvard deixar de nos aporrinhar."[9] O tom das análises mais adiante, quando a URV foi lançada, e especialmente depois de 1º de julho, era misto. Míriam Leitão publicou no *Globo* um artigo intitulado "Os caras fizeram tudo direitinho", reproduzindo a frase de um grande varejista, e em que colecionava diversas avaliações otimistas, inclusive do insuspeito e quase improvável Luis Paulo Rosenberg: "Foram os melhores primeiros dias de um plano econômico." Já Delfim Netto, incorrigível, deu quatro meses de vida para o novo plano, e outros tantos economistas, sobretudo os do PT, faziam os piores prognósticos. O ambiente estava envenenado pelas eleições, e a discussão do plano era tudo menos técnica. Alinhados aos adversários da nova moeda, várias gerações de economistas que se agarravam ao título "desenvolvimentistas" – por delegação autoconferida,

---

[9] Edmar Lisboa Bacha, *No país dos contrastes: Memórias da infância ao Plano Real*. Rio de Janeiro: História Real, 2021, "Dupla opção de Conceição", p. 212. Comentário de Edmar: "Nem eu, nem Gustavo Franco reclamamos das opções oferecidas (...). Apenas lamentamos Conceição não pertencer à Real Academia de Ciências da Suécia."

como gostava de dizer Pedro Malan – argumentavam que a "estabilização ortodoxa" gerava recessão. É claro que era bobagem, e os números do Plano Real foram suficientemente ilustrativos: a economia cresceu em média 3,9% no período de 1994 a 1997, mais de 10 vezes mais que a média de 0,3% anual para o período anterior, 1990-1993. Todos os outros indicadores econômicos melhoraram, destacadamente aqueles pertinentes à renda real do trabalhador e à distribuição da renda. Pois bem, o fantasma das perdas salariais foi massacrado sem piedade, bem como aqueles que nelas apostaram. O Brasil enxergou com rara clareza o estrago que a inflação causava e, com isso – para a imensa surpresa das raposas políticas que nos aconselhavam, sempre a uma prudente distância –, o nosso programa se tornou "popular", vencendo todas as eleições que se seguiram, inclusive as que ocorreram anos depois, quando a oposição ganhou, mas ao incorporar a estabilidade entre seus valores, para a felicidade de todos nós.

Na hora em que estava acontecendo, todavia, foram poucas as vozes de apoio e mesmo de reconhecimento da inflação como algo prejudicial à saúde. Arnaldo Jabor era uma delas, mas a maior parte dos grandes jornalistas de economia, com poucas ressalvas, não o levava a sério. A 28 de junho de 1994, três dias antes da conclusão da reforma monetária que introduziu o real, diante da quantidade e variedade de ressalvas e reparos à estabilização vindos de todos os lados e todas as classes da sociedade organizada, Jabor publicou uma crônica inesquecível, intitulada "País não merece vitória do Plano Real". A passagem mais comovente, ao menos para nós, ia no coração do problema: "Não há solidão mais terrível do que ser da equipe econômica do governo", e a razão era simples: "Ninguém ajudou." Congresso, economistas, Igreja, burguesia, artistas, intelectuais, Judiciário, conforme ele explicava em cores vivas, estavam todos preocupados com o seu pedaço da cracolândia.

Não tenha dúvida de que o real assinalou uma pequena revolução no pensamento econômico brasileiro, pois a boa técnica macroeconômica, com as suas nuances táticas variando conforme as circunstâncias, se tornou o cânone, e ganhou eleições, uma após a outra. A convergência se estabelece solidamente na política econômica, o que não quer dizer,

Figura 4: O real foi o oitavo padrão monetário desde o cruzeiro de 1942, após o qual vieram cruzeiro novo (1967), cruzeiro (1970), cruzado (1986), cruzado novo (1989), cruzeiro (1990), cruzeiro real (1993) e URV/real (1994). Alguns países tiveram inflações comparáveis, mas nenhum teve tantas mudanças do padrão monetário. Alguns dos membros da equipe do Plano Real em abril de 1994, da esquerda para a direita: Pérsio Arida, Gustavo Franco, Pedro Malan, José Milton Dallari, Winston Fritsch, Rubens Ricupero, Eduardo Jorge (atrás), Fernando Henrique Cardoso, Synésio Batista (atrás), Clóvis Carvalho, Sergio Amaral e Edmar Bacha em abril de 1994. *Foto: Roberto Stuckert Filho / Agência O Globo.*

evidentemente, que o mesmo tenha se passado no terreno das *versões*. Ao menos por ora. A disputa política sobre o legado do real não terá fim, como ocorreu com o antagonismo entre a Monarquia e a República, ou entre metalistas e papelistas: cada qual ficará com a sua metade da mesma verdade, o mérito de cada política será sempre controverso e a opinião pública flutuará numa direção ou na outra conforme a conjuntura e o desempenho dos participantes do debate historiográfico. Para você que está começando nesta profissão, tenha claro que a vitória da boa técnica econômica é a única coisa incontroversa nessa batalha.

No entanto, como já observei, eu sou parte dessa história e ninguém do outro lado vai reconhecer esta minha avaliação do que se passou como fria e objetiva, por mais que seja mesmo. E vai ficar assim. Os torcedores do outro time raramente veem bom futebol no adversário, e a vida continua. Mas não deixe que isso o impeça de festejar suas conquistas. Como as pessoas que participaram da Segunda Guerra e que celebram a vitória contra o nazismo, eu vou comemorar a derrota da hiperinflação até o fim dos meus dias, a despeito daqueles que dizem que fizemos tudo errado, inclusive para irritá-los mais ainda. A fila dos críticos do Plano Real faz umas cinco voltas no quarteirão, mas pouco importa, nós ganhamos a parada. É ótimo ter uma causa, um evento e uma data que, de uma forma pessoal ou até mesmo pública, lhe pertençam.

Meu pai tinha orgulho de sua ligação de amizade e admiração a Getúlio Vargas, com quem trabalhou como assessor muito próximo. Durante o meio século que se seguiu ao suicídio do "Velho Getúlio", todo dia 24 de agosto ele mandava rezar uma missa em sua homenagem. Era um momento que reunia vários senhores de cabelos brancos, que trocavam sorrisos mansos e compartilhavam a paz interior que lhes conferia a paixão pelo amigo que saiu da vida para entrar na História.

No primeiro 24 de agosto depois que meu pai partiu, em 2012, eu mesmo cumpri a rotina que o vi fazer acontecer durante tantos anos. O anúncio no jornal, que ele pagava do próprio bolso, a igreja, o padre e os mesmos convidados. Dessa vez eu assisti à missa, e ouvi cada um dos discursos que se seguiram, todos extremamente críticos ao neoliberalismo, ao capitalismo e à globalização. Era praticamente uma convenção do PDT (Partido Democrático Trabalhista). Cumprimentei a todos no final, com muita gentileza, pensando que era apenas a homenagem de um amigo para outro e estava de bom tamanho.

No ano seguinte não teve missa, ao menos não bancada por mim.

Não sou muito religioso, minha fé era outra, mas sempre acordo de bom humor nos dias 28 de fevereiro e 1º de julho, datas que foram críticas para o Plano Real. Faço votos para que você tenha como sua uma data ligada a algo importante, que mudou o mundo para melhor, e para o qual você tenha colaborado como economista. Em sua vida profissional, não pode haver nada mais especial.

7
A mãe de todas as polêmicas

Prezado(a),

Na minha última carta, ao tratar do Plano Real, procurei transmitir-lhe uma impressão geral da coisa, os fatos básicos, as sensações de um combatente e a satisfação pelo trabalho bem-sucedido. Não quis entrar no mérito das polêmicas, só um pouquinho, pois sei bem que é da natureza desses assuntos que jamais se assentem. É claro que tenho uma opinião sobre os temas e os eventos, já bem decantada pela passagem do tempo, porém a ideia aqui não é escrever o meu editorial, mas convencê-lo de algo bem mais simples e útil para as encrencas em que você for se meter: a importância de se observar lealdade irrestrita às suas convicções.

Há inúmeros relatos sobre o Plano Real, a começar por aquele oferecido pelo ex-presidente Fernando Henrique Cardoso em vários livros, cujos temas vão bem além da estabilização. Incluem-se aí os quatro alentados volumes dos Diários da Presidência, as transcrições das gravações que ele fazia regularmente sobre o cotidiano da Presidência no calor do momento.

Espero que, caso a oportunidade lhe surja para ir para Brasília, você tenha o privilégio de trabalhar com um presidente como esse. Não tome este comentário como expressão da intenção de diminuir antecessores ou sucessores, cada um é especial de alguma maneira. Mas FHC está em outro plano. Não era apenas um extraordinário intelectual de mente rápida e vibrante, em contínua e habilmente dissimulada excitação pela construção histórica que estávamos vivendo. Era o chefe que tinha comigo uma sólida relação de confiança nos assuntos da economia sobre os quais era continuamente bombardeado por muitos de seus amigos mais antigos que não eram do ramo, e que gostavam de chamá-lo pelo primeiro nome na frente de terceiros, como eu, por exibicionismo ou como tentativa de intimidação.

Em retrospecto, talvez eu tenha levado um tanto ao pé da letra a ideia do afastamento institucional que deve haver entre o presidente da República e o Banco Central. Afinal, era um relacionamento que estava sendo ali reinventado, a independência do BC precisava ser praticada para ser aceita, o que demoraria alguns anos ainda, e o nosso comportamento pessoal seria uma primeira experiência com esse novo arranjo institucional. Estávamos, de fato, começando uma nova fase na história monetária do país, como mais tarde teríamos muito claro.

Há outros livros sobre o Plano Real, e o da jornalista Maria Clara do Prado, *A real história do Plano Real* (2020), foi o que procurou compor a reportagem mais técnica e detalhada do processo de construção do plano, com destaque para os primeiros tempos, período em que ela esteve conosco como assessora de imprensa lotada no Ministério da Fazenda, o que lhe deu acesso à nossa documentação interna. A reprodução dos materiais que circularam entre os membros da equipe econômica, separados em um apêndice, é especialmente útil para quem procura compreender o estilo de trabalho da área econômica.

O premiado livro de Míriam Leitão, *Saga brasileira: A longa luta de um povo por sua moeda* (2011), não é apenas sobre o real, mas sobre o ciclo inteiro, pois ela cobre também, em detalhes, cada um dos outros planos fracassados, o cotidiano da hiperinflação e as aflições produzidas nesse caminho. Míriam enxergou o eixo narrativo que anos depois eu viria a explorar em *A moeda e a lei*, ou seja, compreendeu perfeitamente a natureza das transições pelas quais estávamos passando e o modo como o Plano Real encerrava a baderna.

O livro de Guilherme Fiuza, *3.000 dias no bunker* (2006), é de outra natureza, e talvez por isso mesmo seja o que melhor captura o lado humano do evento, soldados, tenentes e generais na guerra, suas paixões e medos, suas tacadas, tombos e passos de dança. É um livro "com sabor de aventura", como diz uma resenha, e o que melhor vai lhe mostrar que um plano de estabilização não é uma tertúlia acadêmica. Há socos na mesa – alguns até em burocratas –, gritos e caneladas, "muito ringue de luta livre", como diz o jornalista Marcos Sá Corrêa, para se fazer uma ideia tomar corpo, sair andando e não levar uma rasteira. Creio que o "espírito da coisa" que o livro captura muito bem tem a ver com a postura dos combatentes durante o processo: integridade, coerência, propósito, seja no plano técnico, seja no profissional e no ético, mesmo que você tenha que renunciar a qualquer ternura.

Não pense nem por um segundo, entretanto, que andar sempre pelo lado luminoso das coisas vai livrá-lo da maledicência e de batidas abaixo da cintura, nem que vai fazer com que lhe aliviem o trabalho quando se trata do debate político em torno da economia. Fiuza utiliza como eixo narrativo o episódio da CPI do Banestado, a primeira do primeiro mandato de Lula, e o intuito era usar politicamente a investigação como ferramenta de destruição de reputações, à moda do macarthismo, com mentiras e intimidações, mas no novo contexto daquilo que se conhece hoje como guerra de narrativas e já com a novidade das milícias virtuais. Ocorre-me que o bolsonarismo não inventou nada em matéria de incivilidade. Fui acusado de um monte de coisas absurdas e inocentado em absolutamente todas, tanto no TCU (Tribunal de Contas da União), onde tudo começou, quanto na ação ruidosamente proposta pelo Ministério Público. E, segundo depois se apurou, o relator da CPI estava entre os "mensaleiros" e escapou da cassação em plenário pela falta de um punhado de deputados para dar quórum à sessão.

Não surpreende que tenha sido de *3.000 dias no bunker* que surgiu a ideia de se fazer um filme sobre o Plano Real. Pena que o roteiro tenha se afastado do livro – e da realidade. A bilheteria não foi boa, tampouco a crítica. Segundo a resenha da insuspeita *Carta Capital*, "o Gustavo Franco do longa de Rodrigo Bittencourt, interpretado por Emílio Orciollo Neto, é arrogante e absolutamente alheio ao povo, mas não deixa de ser um *pop star* que desfila de óculos escuros ao som de um rock enfurecido, ladeado por nomes como Malan, André Lara Resende e Pérsio Arida. Uma verdadeira 'Tropa da Elite'".

Bem, eu acho que a história real tem muito mais graça, além da insubstituível vantagem de ser a história real.

Acusações mentirosas e mal-intencionadas, bem como narrativas histriônicas, dão muita imprensa e enorme irritação. Brasília vive disso. Mas não há para onde correr: é parte do pacote quando você vai para o governo. E, se você for, vai acontecer com você, como se passa com todos. Ler os jornais, todas as manhãs, vai se converter em martírio. Você já vai direto para a pior notícia ruim, aquela que maltrata você logo cedo, e seu dia já começa meio revirado. Você vai morder os cantos das mesas, chutar o cachorro, os amigos dos seus filhos vão ler as matérias também e olhar esquisito para você. Nada pode ser mais irritante.

Vão sempre enxergar os ângulos mais doidos em tudo o que você fizer e vão lhe dizer que é notícia, ou fumaça de notícia. Prepare-se para processos a calúnias, que vão dizer que é por diligência, ou que faz parte do "debate democrático", não interessa o bem que você tiver feito. Conte sempre com um bom advogado, durante e depois. Não se esqueça: é o pior emprego do mundo. O veredicto de inocência, ou o reconhecimento pelo que você fez, vai demorar a chegar, e não vai ganhar muito destaque, ou mesmo nenhum, seja porque os beneficiários não repararam ou porque ocorreu muito mais tarde. Uma sinfonia de acusações é seguida, tempos depois, quando você venceu, por um mero chorinho de desculpas.

O fato é que você não pode descuidar da imprensa, ou da transparência, em tudo o que fizer, pois há sempre uma *segunda* batalha acerca das políticas públicas, a ser travada no domínio da mídia. É a batalha historiográfica de que lhe falei em minha última carta, que começa no dia seguinte ao feito e que vai acompanhá-lo pelo resto da vida.

No começo isso não era muito claro, mas foi na base da intuição que decidimos, especialmente quando colocamos a URV na rua, não deixar mais nada sem resposta, e com o discreto encorajamento da chefia, que não é muito de briga. A oposição, dentro da qual se destacava o PT, pelo radicalismo crônico, estava mal habituada, se achando dona da narrativa. Fazia anos que a briga perdera a graça pois o governo não tinha autoridade para se defender: como afirmar competência na gestão da economia quando a inflação permanecia acima de 30% ou 40% ao mês, e a economia, estagnada? Que dizer do Guardião da Moeda diante desse resultado?

Mas as coisas mudaram com o Plano Real.

Se vencemos a hiperinflação, e jogando um bom futebol, por que tínhamos de aceitar calados uma versão crítica e eivada de má vontade sobre o nosso trabalho, como se estivéssemos falhando? É claro que todo mundo pode criticar à vontade, há torcida nas duas direções. Então nós também podemos falar, rebater, contestar e contar a nossa versão, certo? Se éramos obrigados a ouvir, deveríamos ter garantido o direito de retrucar, não? Mas é curioso: as inteligências críticas do país são tão tortas que se ofendem quando contrariadas: onde já se viu críticos que não admitem debate?

Lembro-me bem do segundo semestre de 1994, quando o real se consolidava e a campanha eleitoral estava pegando fogo. FHC não era mais ministro, mas candidato a presidente e crescia nas pesquisas, e as pessoas acenavam com as cédulas nos comícios. A campanha presidencial virou um debate sobre a moeda, com a qual o brasileiro estava encantado, pois não mais derretia em suas mãos. Lembro-me especialmente de um debate com Aloizio Mercadante numa emissora de TV em Brasília, tudo muito tenso, pancadas e pescoções – sempre no plano retórico, é claro –, e ao final, quando nos cumprimentamos fora do ar, exauridos, ele reclamou, bem-humorado:

"Caramba, você é governo, e governo tem que apanhar calado, não te avisaram?"

Mercadante não era de se irritar, era um profissional como tantos outros senadores e deputados que eram capazes de manter um diálogo cordial e educado no plano pessoal a despeito de brutais diferenças de pensamento e conduta e de malcriações, sobretudo quando não havia alguém olhando. Isso se aprende no Congresso Nacional, cujos membros em geral são muito diferentes uns dos outros, numa variedade muito grande de temas, e nem por isso o cotidiano dessa gente precisa ser um inferno. Afinal, são colegas de trabalho e são todos amigos, especialmente quando não há ninguém filmando. Na política, tudo começa com a foto, sair bem na foto.

Mas o debate com Mercadante sempre começava com o Plano Collor. Ele ficava muito irritado – talvez apenas cenograficamente, impossível saber – quando era lembrado, mesmo fora dos holofotes, que tinha apoiado publicamente o Plano Collor e que havia indicações de que o PT, no começo de 1990, aprontava algo parecido. Foi um erro gigantesco apoiar (o Plano Collor), como teria sido executar algo parecido. Mercadante, bem como seus colegas economistas do PT, até aquele momento tinham conseguido errar mais até que o FMI (Fundo Monetário Internacional), que também não apoiou o Plano Real, mas ao menos não endossou o Plano Collor, nem tinha caído no ridículo de propor o controle social da hiperinflação através das câmaras setoriais.

No aniversário de 15 anos do real, numa sessão especial do Senado em 2009, apogeu da presidência Lula, nós da equipe do Plano Real tivemos o privilégio de estar na primeira fila do plenário e assistir a um elegante discurso do próprio Mercadante recordando nossos debates e reconhecendo os méritos da construção que, naquele momento, era de todos nós. Belo instantâneo da democracia brasileira. Tudo meio fingido, é claro. Mas assim é a política. Também por fingimento, a gente perdoa na hora da homenagem, para a foto ficar bonita, mas sem jamais esquecer as barbaridades que ele disse do Plano Real.

No terreno dos debates econômicos acho que também inovamos, pois os economistas do governo passaram a se expor em temas acadêmicos de um jeito que nunca mais se viu. Há uma diferença básica entre o economista e o político, neste compreendido o burocrata: estes profissionais buscam a sobrevivência, e por isso evitam arestas e opiniões fortes, vivendo só de consensos meio aguados e platitudes. Não era o meu papel na equipe, e Mercadante e sua turma não estavam para muita gentileza. Como já observado, eles eram apóstolos do "debate democrático", mas desde que não fossem contrariados.

Mas voltemos à década de 1990. Dois anos depois de a nova moeda estar circulando, o próprio presidente da República me encorajou a divulgar um texto meu, um *paper* de viés acadêmico, de umas 40 páginas, feito para reflexão interna nossa. A tese central era simples e profunda: quem aceitasse que as raízes da hiperinflação brasileira tinham que ver com o colapso do modelo de desenvolvimento baseado no inflacionismo e na substituição de importações, veria facilmente que o desenho dos "fundamentos" da estabilização se confundia com a agenda de um novo modelo de desenvolvimento.

Essa era a tese mais bem comportada do documento. Minha passagem predileta era outra, no coração da polêmica sobre o câmbio: "O fato de o preço da banana cair em função de uma supersafra quer dizer necessariamente que há uma defasagem bananal?"

O alvoroço em torno do texto não foi tão difícil de explicar: não apenas é incomum que dirigentes do Banco Central produzam ensaios para debates abertos sobre a natureza do desenvolvimento econômico brasileiro, como também não se vê, senão raramente, o presidente da República emitir de peito aberto uma recomendação de leitura de um texto picante de um membro de sua equipe. Era preciso colocar na rua a nossa versão; o debate democrático não é um monólogo da oposição.

O texto feriu um nervo sensível, tantos foram os artigos e resenhas, movimentando algumas das melhores mentes do país – e também algumas das mais confusas e zangadas. Dentre os economistas que escreveram, ou se envolveram em polêmicas sobre o texto, destacam-se, entre outros, Roberto Campos, André Lara Resende, Álvaro Zini, João Sayad, José Eli da Veiga, Paulo Guedes, Octavio de Barros e Leda Paulani. A *Carta Capital* fez uma matéria de capa sobre o texto, trazendo um debate entre Luiz Gonzaga Belluzzo, Eduardo Giannetti e Paulo Rabello de Castro. Dentre os jornalistas que escreveram sobre o texto, é de se mencionar Míriam Leitão, Celso Pinto, Claudia Safatle, Luis Nassif, Oliveiros Ferreira, José Roberto Campos, Antenor Nascimento Neto e Elio Gaspari.

Para responder às avaliações negativas, tomei como base um artigo carregado da professora Leda Paulani em que ela "denunciava", tal como Luiz Gonzaga Belluzzo e outros economistas de persuasão marxista, o "caráter despudoradamente ideológico" do meu texto, tal como se estivessem lá no alto do cânone científico, veja só, e reafirmavam a tese de que o capitalismo global e a economia brasileira em particular caminhavam inexoravelmente para o colapso. E tudo isso naquele extraordinário jargão marxista-parnasiano, que me remeteu a uma pérola: a observação de Olavo Bilac, citada na biografia romanceada de Augusto dos Anjos feita por Ana Miranda (*A última quimera*), a propósito de jovens poetas que "falam apenas sobre mundos degradados, de modo que a literatura se tornou uma enfermaria onde se acolhem os doentes e se observam as moléstias, uma orgia de pessimismos, moafa de satanismos, um destempero de blasfêmias".

O pensamento desenvolvimentista pela esquerda era puro inflacionismo em linguagem parnasiana, pronunciada do alto de uma superioridade moral imerecida, autoconferida e meio debochada. É curioso que a culpa pela hiperinflação não tenha recaído sobre essas heterodoxias e que não se tenha investigado suas causas com o mesmo empenho que se observou em tantas investigações de menor relevância.

O Brasil havia se enquadrado com sucesso nos paradigmas do mundo globalizado, vencido a hiperinflação e reconquistado o seu futuro. E no governo Lula, quando todas as linhas mestras da política macroeconômica foram mantidas, a professora Leda Paulani escreveu livros ainda mais irritados, agora com seus companheiros no poder, incapazes de fazer algo diferente. O professor Belluzzo, por seu turno, tornou-se um conselheiro habitual do ex-presidente Lula e passou a integrar o Conselho de Administração da BM&F Bovespa (hoje B3) – onde eu também tive assento entre 2007 e 2009 –, de lá saindo para a presidência do Palmeiras.

Mas a mãe de todos os debates – pelo menos no que me dizia respeito pessoalmente, ainda que capturasse toda a energia dos debates sobre o modelo de desenvolvimento econômico – era a taxa de câmbio, um tema relativamente secundário no quadro maior da redefinição dos grandes paradigmas de política econômica, mas de enorme ressonância na economia política do Plano Real.

Há pelo menos três boas razões para o tema ter adquirido tamanha importância. Primeiro porque era um clássico: a economia política da taxa de câmbio ocupa muitas páginas de *Formação econômica do Brasil*, de Celso Furtado, no qual uma das teses centrais é bem resumida pela consagrada expressão "socialização das perdas", usada para descrever como, em inúmeros contextos de nossa história, a desvalorização cambial transferia para toda a sociedade o ônus da nossa falta de competitividade. O câmbio *subvalorizado*, como é típico de países com inflação elevada, era uma forma de criar competitividade não na fábrica ou na base da produtividade, mas em Brasília, de forma "espúria" – para usar o termo de um economista da Cepal, Fernando Fajnzylber. Sim, o câmbio tapava buracos nas estradas e curava as ineficiências das empresas. Era uma espécie de cocaína.

O fato é que muitos exportadores e importadores se acostumaram a olhar para o câmbio como uma "tarifa pública" fixada pelo "poder concedente", que era o Banco Central, o "monopolista" nesse assunto, como se exportar fosse concessão de serviço público. Era inovadora, ou mesmo revolucionária, a ideia de que a taxa de câmbio deveria ser fixada *em mercado*, pelo jogo da oferta e da demanda, e não de modo a atender empresários chapa-branca. Era uma mudança de paradigma de dificílimo trânsito naqueles dias e que ficaria bem mais clara adiante, com a adoção de um regime de câmbio flutuante aberto, sem intervenções regulares e predeterminadas do BC, e com as recorrentes resistências às tentativas de liberalização da regulamentação cambial.

Segundo porque, no domínio da política, e do debate eleitoral em particular, a oposição agarrou-se à tese de que o Plano Real não passava de um estelionato eleitoral e que o truque era o que o próprio José Serra, nosso aliado sempre muito hesitante, veja você, definiu como "populismo cambial". A postura do PT continha a mesma sabedoria política de Leonel Brizola, que também se apressou em repetir o que havia feito em todos os planos econômicos anteriores, ou seja, profetizar o fracasso por conta das "perdas internacionais", fenômeno que nunca se soube do que se tratava. Era mais difícil formular essa mesma tese para o real, que não tinha congelamentos, *tablitas* e caneladas e trazia um rosário de medidas e programas fundamentalistas atacando o que todos reconheciam, exceto os suspeitos de sempre, como as verdadeiras causas da inflação. O fato é que passaram as eleições, mais quatro longos anos e outras eleições, em que FHC foi reeleito, até que, num contexto totalmente diverso e respondendo a circunstâncias totalmente novas, se resolveu mudar a política cambial. Nenhuma profecia de catástrofe pode ser levada a sério sem um prazo prescricional razoável. É como o pessoal que tem medo de avião costuma explicar seus temores: dado que é impossível que uma coisa tão pesada possa voar, eles terão fatalmente que cair, ou pousar, mais dia menos dia, o que serve para comprovar sua teoria. Isso se parece com uma reflexão de Hamlet sobre os pardais que ficou famosa: "Há uma especial Providência na queda de um pardal. Se tem de ser já, não será depois; se não for depois, é que vai ser agora; se não for agora, é que poderá ser mais tarde."[10]

Adiante vamos falar mais de profecias falaciosas desse gênero, no contexto do mercado financeiro, no qual, em geral, você tem que apostar dinheiro naquilo que está profetizando e faz toda a diferença do mundo o tempo que a sua profecia leva para se realizar. Vem desse debate a popularidade do conceito de *skin in the game*, criado por Nassim Taleb:[11] faz toda a diferença que você corra risco ao fazer um prognóstico, ou seja, se não há custo em errar, você pode prognosticar qualquer coisa.

Em terceiro lugar, é claro que sempre houve uma discussão técnica, no interior do governo, sobre a natureza precisa da "âncora cambial" e sobre o mix de políticas a amparar o Plano Real. Claro que não foi uma coisa que eu tirei da minha cabeça apenas. Havia consenso entre nós de que a "âncora cambial" era um remédio poderoso que não podíamos deixar de usar, justamente porque sabíamos que a nossa situação fiscal não era boa. Por isso mesmo a política monetária e o câmbio iam ter que trabalhar em dobro para construirmos uma ponte até o momento em que os fundamentos estivessem no lugar.

Sabíamos que o câmbio estava *subvalorizado* na partida, isto é, no primeiro semestre de 1994, em razão do fato de que estava entrando muito capital, curto e longo, e que estávamos vivendo uma espécie de

---

[10] *Hamlet*, Ato V, Cena II. Tradução de ShakespeareBrasileiro.org, 2022.
[11] Esse livro de Nassim Taleb foi lançado no Brasil com o título *Arriscando a própria pele*, pela editora Objetiva (2018).

"bonança externa" que só faria se acentuar depois da estabilização. A valorização do câmbio era evitada artificialmente com a política cambial que se praticava, pela qual o Banco Central permanecia fazendo compras sistemáticas e agressivas de reservas internacionais. Era claro que, se o BC parasse de comprar dólares, o câmbio ia apreciar (valorizar).

Sabíamos também que não havia caso de vitória sobre a hiperinflação sem valorização da moeda, o que deveria ser óbvio: economias que ficam mais fortes por interromper a degradação de sua moeda vão ter uma taxa de câmbio real mais valorizada, ou seja, a moeda nacional vai valer mais.

Também tínhamos claro que a apreciação (valorização) do câmbio ia turbinar muito os efeitos de curto prazo do plano e que um bom começo era muito importante para ajudar na continuidade do esforço.

Assim sendo, a opção que fizemos de flutuar o real no momento do seu nascimento foi natural, estratégica e tácita. Era como se o grupo soubesse que era a coisa certa a fazer, e de fato tudo funcionou muito bem naquele início, que era o momento mais delicado do plano. O real flutuou *para baixo*, ou seja, *apreciou*, sem nenhum sopro do BC. Na verdade, foi só o BC parar de comprar dólares todos os dias usando reais, que os reais começaram a valer mais relativamente ao dólar: parece mesmo um truísmo, dito dessa forma.

Tendo em vista toda a experiência anterior com mudanças de moeda, era extraordinário que uma nova moeda nacional *estreasse* num regime de livre flutuação e se *valorizasse* em relação ao dólar. As avaliações tanto da sociedade quanto dos economistas foram as melhores possíveis, e o impacto psicológico de 1 real valer *mais que 1 dólar*, ainda que essa taxa fosse cosmética ou efêmera, teve sua importância – muitas coisas simbólicas estavam em ebulição naquele momento. Tudo isso ia ajudar na luta pelo fiscal e pelas reformas.

Houve uma tempestade de críticas, todas bem absorvidas na conta do diretor de Assuntos Internacionais do BC, que executou a operação. Foi a coisa certa a fazer. O plano não teria dado certo sem esse movimento, tampouco sem a política cambial que se seguiu: o polêmico sistema de "bandas cambiais", acompanhado de uma política de juros cujo propósito era evitar que a nova moeda depreciasse muito velozmente. Era preciso garantir a vitória sobre a hiperinflação, e para isso o câmbio tinha que contribuir. Simples assim, e foi nesse tópico que a controvérsia se concentrou.

Na visão de Delfim Netto e Luis Nassif, para citar apenas dois nomes, era como se tudo tivesse funcionado às mil maravilhas exceto por esse "pecado original", um único e solitário engano numa construção brilhante.

Mas esse foi o tiro que matou o dragão. Como dizer que estava errado, ou que errou o alvo? O que poderia ter funcionado *melhor*?

O elogio do inimigo vem sempre com uma ressalva invariavelmente maior que o mérito reconhecido, por isso só tem serventia como álibi para quem o faz. Erraram eles, basta olhar o resultado, nós vencemos a hiperinflação. Exaltam-se as virtudes do plano que explodiu o dragão, mas condena-se o uso de explosivos, como se fosse possível deter o lendário animal apenas com palavras fortes e apelos emocionados! Como se tudo pudesse ter acontecido igualzinho – a inflação cair de 7.260% anuais para 1,7% em alguns anos – se em vez de "âncora cambial" tivéssemos começado a vida da nova moeda já com uma "maxi".

Matar dragões com alicates de unha era como as manicures da economia pensavam em solucionar o problema da inflação.

É claro que a flutuação inicial e as bandas eram só o começo, ou só uma parte da história, e que tínhamos ainda muitos obstáculos pelo caminho. Sabíamos que estávamos em meio a uma bonança cambial, e que, em condições normais, o excesso de dólares era uma situação complexa de se lidar. Isso ficaria bem claro adiante, em diversas ocasiões – por exemplo, durante o período 2003-2008, quando a oposição da década anterior estava no poder e experimentou o mesmo tipo de problema. Mais adiante, em 2011, a taxa de câmbio atingiu, em termos reais, níveis muito parecidos à dos primeiros anos do real, sem que ninguém falasse em populismo ou em defasagem cambial, e pelas mãos de um ministro que ficou rouco de criticar a "sobrevalorização da moeda" à época do Plano Real.

O fato é que, em 1994, o excesso de dólares abria uma esplêndida janela de oportunidade para exterminar a inflação. Seria simplesmente tolo não aproveitar essa chance, que de fato aproveitamos, pois assim ganhávamos um tempo precioso para trabalhar as reformas e o ajuste fiscal.

Em resumo, em 1994-1998, nosso mix era composto de "âncora cambial" (bandas cambiais deslizantes, para ser preciso), (meta de) inflação zero (ou igual à americana) e (promessa de) superávit primário. Era o tripé factível diante da lentidão das coisas no domínio fiscal e das reformas, e da presença incontornável da bonança cambial. Depois que se fechou o acordo com o FMI e se arrumou o fiscal, a vida ficou muito mais fácil, ou mais parecida com a dos livros-texto, e o "tripé" ficou mais convencional: superávit primário, câmbio flutuante e metas de inflação.

Duro é trabalhar com condições piores que as normais e para as quais você não tem muito parâmetro: e quando não havia nada nem parecido com superávit primário e a inflação era de 40% ao mês? Como deveria ficar o "tripé" nessa situação, digamos, pior que a ideal?

Nenhum dos sabichões que criticavam a "política cambial" tinha uma resposta, nem *a posteriori*, sobre *como deveria ter sido*, de sorte a chegar no mesmo efeito.

Vale lembrar também que a nossa triste experiência anterior de congelamentos e "prefixações", somada ao intuito de desindexar as mentes, praticamente impedia que se pensasse, em 1994, na fixação de uma "meta" para a inflação em algum ponto no futuro. Os sistemas de metas para a inflação começaram a aparecer justamente nessa época, em outros países, mas a praxe era a política monetária através de controle dos agregados monetários, um método inventado por Milton Friedman (1912-2006), de aspecto pré-histórico em nossos dias, mas que ainda era muito praticado nos anos 1990. Em bom português, portanto, no Brasil de 1994, qualquer número diferente de zero como meta para a inflação se tornaria imediatamente o piso de qualquer reajuste e seria tomado como uma espécie de "prefixação" para todos os preços e salários.

Lembro-me de uma instrução expressa de Pedro Malan, nosso ministro da Fazenda, um craque na comunicação com os mercados, que era mais ou menos assim: "Jamais faça previsões para qualquer coisa, nem sob tortura." Nunca diga um número, pois vão tomar como meta. Toda e qualquer previsão é cobrada com juros e correção; seu dever é acertar, mas você nunca vai acertar todas. Não há *upside*, portanto. Por isso, não fale sobre o futuro, nunca.

Com isso ficava implícita uma coisa meio acaciana, uma espécie de truísmo: a única meta para a inflação que faz sentido em um programa de combate à inflação (e quando se fala em um programa com esse propósito é quando a inflação já virou uma hiper) é acabar com ela. A meta, quando se trata de hiper, é zero, e nenhuma outra faz sentido. Não pode haver negociação com a hiper, ou com o terrorismo, senão você se torna o refém.

Nossa política cambial fazia o real depreciar ao ritmo de 8% anuais, porque queríamos reverter a apreciação real do câmbio e a piora no déficit em conta-corrente, ainda que de modo gradual. Pessoalmente, eu achava que o aspecto mais importante desse suposto deslize das bandas cambiais era lembrar a todos que não estávamos trabalhando com "câmbio fixo", pois era exatamente essa a expressão que os críticos prefeririam usar. Com isso, na verdade, atacavam o *currency board*, que era o regime que escolhemos *não* fazer.

Se quiséssemos andar mais rápido que os 8% e atender os descontentes da avenida Paulista, era preciso considerar que, para começar, a queda na inflação poderia não ser a mesma, pondo em risco tudo o que havíamos conquistado até então. Outro problema era que, para produzir uma depreciação maior que 8% sem que isso resultasse em fuga de capital, seria preciso subir os juros. É uma dessas vicissitudes de economias com abertura na "conta de capitais", como a nossa, na qual capitais locais e estrangeiros respondem ao diferencial de juros *corrigido pela expectativa de desvalorização* (você vai se fartar de estudar esse assunto nos cursos de macroeconomia aberta e finanças). Naquele momento, todavia, não era muita gente que entendia essas relações de "arbitragem coberta", tema obscuro para muitos e frequentemente relegado ao terreno dos "mistérios do capital financeiro".

Os economistas designam como *trade-offs* essas situações nas quais é preciso sacrificar uma coisa para ter outra. Como no exemplo do almoço, de que falamos na nossa primeira carta. Caminhamos um bocado desde a reforma monetária que acabou com a hiperinflação, e estamos de volta ao almoço.

Esse complexo *trade-off* envolvendo câmbio, juros e inflação apenas ficaria mais frouxo se a política fiscal nos permitisse sair da situação de déficit primário para a de superávit. E esse era o grande problema, a mesma esfinge que devorou os que vieram antes de nós. O presidente se angustiava com o câmbio, pois o déficit em conta-corrente estava abrindo, e muitos vinham a ele se queixar do câmbio (e dos juros), mas estávamos fraquejando na promessa básica de atacar as verdadeiras causas do problema, ou, mais precisamente, de entregar um superávit primário. Tínhamos uma "âncora" que funcionava e fomos bem-sucedidos em levar a inflação para "o centro da nossa meta": 1,7% para 1998 era a inflação dos Estados Unidos, era o "zero técnico". Mas já haviam se passado quatro longos anos e o ajuste fiscal não andava. Estávamos correndo riscos totalmente desnecessários ao tentar empurrar o problema fiscal com a barriga à moda antiga.

Hoje parece claro para mim que o presidente FHC estava sentindo os efeitos da maldição de que falava Cavallo, e o desfecho da crise da Ásia revelou o problema com muita clareza. Eu me lembrava de uma advertência dos membros mais experientes da equipe: "No começo, eles fazem tudo o que pedimos, porque precisam de nós. Depois do sucesso do pacote, fazem tudo ao contrário, e você se torna descartável. É questão de tempo." Eu achava que estávamos sob uma liderança bem melhor que isso e que a reação à crise da Ásia tinha sido uma boa demonstração disso. Nós vencemos aquela batalha baseados na definição estratégica de que não era o BC o único combatente, mas a nação, e a indicação mais poderosa dessa postura era a passagem pelo Congresso do "Pacote 51", uma portentosa coleção de medidas que pareciam resolver o problema fiscal de uma vez por todas. Pelo menos foi assim que o mercado o enxergou, pois essa era a promessa que vínhamos fazendo desde 1994.

O triste fato, todavia, era que a "área política" não entregava o superávit primário e ainda ficava fazendo ou incentivando fofocas de que o câmbio estava "errado". Na verdade, era pior. Um amigo ministro me contou que, depois do Pacote 51, toda vez que ia despachar no Palácio do Planalto saía com um cheque, porque agora *tinha dinheiro*. Estava ficando claro para nós que as contas fiscais estavam *piorando* a despeito da execução do pacote. A impressão era que tecíamos durante o dia e alguém desmanchava o equilíbrio fiscal durante a noite. Era como se o custo político de passar o pacote tivesse sido a liberação de gastos no mesmo montante, ou talvez mais do que a redução visada pelo pacote. Eram os pesadelos do Plano Cruzado. Diabólica a aritmética da política, como bem lembra um dito espirituoso de João Sayad (1945-2021), que foi ministro do Planejamento durante o Cruzado: o déficit público é uma constante da natureza, de tal sorte que todo dinheirinho que você conseguir economizar apenas se converterá em outra forma de despesa, talvez até maior que a economia original.

Em março de 1998, quando as reservas atingiram seu pico histórico até aquele momento – 74 bilhões de dólares –, nos ocorreu repensar a política cambial, pois fazia sentido mudar o que quer que fosse a partir de uma posição de força, mas o panorama das contas fiscais era uma tragédia. E foi exatamente nessa época que Pedro Malan me contou que o presidente o chamara para lhe dizer que pensava em mudar as coisas em seu segundo mandato, construir sua segunda administração com um viés diferente, mais voltado para o desenvolvimento, o que quer que isso significasse. FHC teria dito que não queria mais ter uma agenda tão carregada com o Congresso, queria governar mais leve. Era uma indicação de que o impasse não ia se resolver, e que a nossa missão estava se aproximando do fim. É claro que ainda tínhamos que atravessar as eleições, e nenhum de nós poderia prever a gravidade dos eventos que seriam disparados logo a seguir, com a crise da Rússia. Paulo Guedes, ministro da Economia do governo Bolsonaro, usa repetidamente a imagem de que nós conquistamos Moscou no verão, até mesmo de forma inesperada, mas os suprimentos não chegaram para nos apoiar no inverno. E no mundo cambial, com efeito, não há meia-estação: os verões são sempre escaldantes, e os invernos, rigorosos. O inverno russo estava prestes a começar, mas não se tinha ideia do que estava para acontecer.

Para os adversários da política cambial, e da estabilização genericamente, a crise iniciada na Rússia (que, aliás, ninguém previu) em meados de 1998 vinha lhes dar razão. Eram as perdas internacionais! Ou a consequência de não termos arrumado a casa no terreno fiscal. Pouco importa: os jornais estavam cheios de "vozes da prudência" repetindo "Eu não disse?" ou "Eu avisei", invocando a clássica reflexão sobre relógios parados (até eles conseguem ter razão duas vezes por dia) ou a expressão portenha *"carreras del domingo con el diario del lunes"* (corridas de cavalo do domingo vistas por quem tem os jornais de segunda-feira com todos os resultados). Nós tínhamos clareza de que a crise de 1998 não tornava errado *de forma retroativa* o que havia sido feito nos anos anteriores. Mas as circunstâncias tinham mudado de forma radical, e nosso mix de políticas precisava mudar também. Tínhamos que migrar para a tríade virtuosa que acabaria se fixando em 1999 (câmbio flutuante, metas de inflação e superávit primário), mas a transição era um pesadelo, especialmente tendo em conta que nos faltava um elemento importante e fundamental tanto desta como da tríade anterior, o superávit primário.

Precisávamos de um fato novo ou de uma influência externa para criar espaços a fim de alterar a política fiscal.

Mas mesmo que conseguíssemos arrumar as contas públicas, nenhum de nós tinha ideia de quais seriam os efeitos inflacionários de uma desvalorização, ou mesmo de um aumento no ritmo de depreciação das bandas cambiais. Tínhamos trabalhado intensamente nos últimos anos para desindexar a economia, mas a principal arma, a Medida Provisória da Desindexação – a de número 1.053, de junho de 1995 –, podia perfeitamente se tornar a da Reindexação, se as coisas dessem errado. Bastava alterar algumas letrinhas. Felizmente, nada mudou, mas a medida seria convertida em lei apenas em 2001, depois de 73 reedições e do sucesso do plano. Ao longo de 1998, todavia, não ousamos prognosticar os efeitos de uma desvalorização significativa. Será que não colocaria tudo a perder? Ninguém se arriscava a responder, e a todos os que apareciam com ideias arrojadas sobre o câmbio, nós perguntávamos: e a inflação? Você está certo de que não vamos destruir tudo o que construímos?

Na verdade, foi pensando na questão fiscal, o começo de qualquer discussão responsável sobre "mexer no câmbio", conversa inevitável depois da crise da Rússia, que nós tivemos a ideia de procurar um acordo com o FMI; simplesmente não tínhamos mais credibilidade para propor outro Pacote 51 e não houve ninguém na equipe econômica que quisesse flutuar o câmbio em meados de 1998, sob pressão e com déficit primário.

Era o fato novo que podia mudar o jogo. Não precisávamos dos dólares do FMI, mas do compromisso de equilíbrio fiscal que viria com o acordo. Não seria mais um Pacote 51, que daria para driblar, mas um tratado internacional.

Esse consenso foi aferido exatamente nesses termos em uma reunião histórica na Casa Civil com toda a equipe econômica, incluindo André Lara Resende e Luiz Carlos Mendonça de Barros, que já tinham saído do governo. Não se fazia uma reunião nossa com essa solenidade havia tempos, com o próprio presidente da República presidindo, e no Palácio. Era ótimo para que se afinasse a orquestra e todos fossem ouvidos. Houve muita discussão, mas pouquíssima divergência. Não fazia sentido flutuar naquele momento, com a casa totalmente desarrumada no campo fiscal. Os economistas estavam todos incomodados com o fato de que àquela altura do campeonato ainda não tínhamos resolvido o problema fiscal. Como era possível? Pouco importava. O fato é que, se tivéssemos a obrigação inscrita em um tratado internacional, criaríamos uma situação semelhante à do *currency board*, ou seja, a impossibilidade de escapar ao enfrentamento do verdadeiro inimigo.

O presidente afirmou com lucidez e segurança que ir ao FMI, ainda mais em meio às eleições, era um falso problema, e que deveríamos nos guiar pelo que era certo e não pelas falsas imposições da política. Saí dali com uma missão que nunca tinha tido: escrever uma minuta de discurso a ser feito em breve pelo presidente, em algum evento público, informando a estratégia de combate à crise. Todos vibramos com a fala de FHC, feita dias depois, em 23 de setembro, uma das poucas em que ele leu um texto preparado (em boa medida) por nós; ele sempre falava de improviso, e as velhas raposas de Brasília repararam algo no ar ao vê-lo atento às nuances de um texto escrito. A repercussão nos mercados e no plano internacional foi a melhor possível, mas não era o que ele tinha imaginado para o seu segundo mandato.

Tempos depois, aproximando-se do final de sua presidência, e em um contexto semelhante, o presidente registrou uma reflexão soberba, já mais amadurecida, e não tão contaminada pelas exigências de narrativas do calor do momento, e muito válida para a decisão de ir ao FMI em 1998: "Eu gostaria de ser Rodrigues Alves, mas sou Campos Sales, o que eu vou fazer? A história faz da gente o que a gente às vezes não quer ser."[12,13]

Daí em diante, corremos com o acordo, em um périplo internacional intenso e produtivo, pois, felizmente, contávamos com muitos amigos e apoios. A conversa com o FMI nunca é simples, mas eles estavam em dívida conosco, pois não apoiaram a URV e o Plano Real, nem mesmo se esforçaram para entender. Se queriam ajudar, a hora era agora.

Aprovamos o acordo no Senado, numa atmosfera meio tensa, e no início de dezembro me lembro de ter ligado para o presidente para lhe contar que achava que tínhamos vencido a guerra: meu indicador mais importante para a temperatura da crise era a posição do BC em derivativos cambiais, que caiu a zero naquele momento. O passo seguinte era maltratar os comprados e ver as reservas voltarem ao BC. Eu estava cheio de ideias, pois agora tinha superávit primário, e já pensava na introdução da flutuação com um novo sistema de venda de opções cambiais, semelhante ao que era usado pelo México e que já estava operando no BC de modo experimental. O *timing*, todavia, precisava ser pensado com cuidado, afinal era um novo governo começando, seria preciso elevar os juros, e tudo deveria estar harmônico com as outras ações de

---

[12] O contexto exato é a possibilidade, levantada por Pedro Malan, de que ele saísse do Ministério da Fazenda para deixar mais à vontade o então candidato presidencial José Serra. O registro é de 3 de junho de 2002. Fernando Henrique Cardoso, *Diários da Presidência, 2001-2002*, vol. 4. São Paulo: Companhia das Letras, 2019, pp. 222-3.

[13] Rodrigues Alves sucedeu Campos Sales na Presidência do Brasil. Enquanto o período deste no poder (1898-1902) foi marcado por dificuldades financeiras e a renegociação da dívida externa, o daquele (1902-1906) apresentou crescimento e estabilidade.

governo – que incluíam uma reprimenda a governadores por quererem descumprir obrigações com a União, entre eles o próprio ex-presidente Itamar Franco, que assumira o estado de Minas Gerais. Na teoria, não ia ser fácil, e na prática talvez fosse mesmo impossível. Eu ia conduzir um novo regime de flutuação, com intervenções totalmente discricionárias, tendo que explicar por que havia "mudado de opinião" e por que não estava errado desde o início. Não havia dúvida de que ia entrar em campo enfraquecido; eu estava comprometido demais com o regime anterior, tinha arrumado muitos desafetos, estava desgastado e agora enxergava o óbvio: a maldição de Cavallo estava comigo também.

É dessa época um artigo premonitório de Josias de Souza para a *Folha* em que ele dizia que eu vinha sendo "uma espécie de Serjão da área econômica, inamovível", mas que tinha sido "devolvido à condição de mortal" e que agora estava "no mesmo nível em que se espremem os auxiliares demissíveis de FHC". Pensei em gabinetes e ministérios de governos parlamentaristas, formados em torno de programas, que, após cumpridos, produzem uma troca de gabinete. E meu presidente era um conhecido parlamentarista. Ocorreu-me também que tudo o que é muito premonitório em Brasília é porque alguém do Palácio vazou, pois, como se sabe, jabuti não sobe em árvore, mas não pensei muito no assunto.

Esse era o meu estado de espírito em meados de dezembro de 1998, quando recebi uma ligação de Pedro Malan contando que Chico Lopes, então diretor do BC, tinha conversado com o presidente a respeito de diversas novas ideias de mudança no câmbio e que não envolviam a elevação dos juros. No plano técnico, o título do filme, "flutuação sem juros", era tão escandalosamente inconsistente quanto apelativo e evocava um velho pesadelo entre os economistas, a famosa lenda dos canarinhos do Plano Cruzado.

A lenda é contada por várias de suas testemunhas e descrita em detalhes no livro do jornalista Carlos Alberto Sardenberg sobre o Plano Cruzado, *Aventura e agonia*. No final de maio de 1986, era preciso tomar decisões duras para salvar o cruzado, e a equipe econômica foi reunida pelo então presidente José Sarney na sede do Projeto Grande Carajás, no meio da selva. O local exótico indicava alguma esperteza do presidente, e durante os preparativos a equipe se lembrou de um conselho do economista Luís Paulo Rosenberg: "Se um político conversa com 10 economistas e 9 deles fazem papel de urubu, pintando a coisa preta, e um só canta de canarinho, é este último que o político vai ouvir."[14]

O fato é que, pela implacável lógica de Brasília, se o Chico já não estava demitido, era eu que devia estar, e talvez o ministro, e não tinha me dado conta. Foi assim que lemos o episódio, eu e Pedro, recordando a conversa com o presidente em março. Tínhamos uma baita turbulência pela frente.

Teria sido ótimo se pudéssemos migrar para a tríade virtuosa – câmbio flutuante, metas de inflação e superávit primário – sem passar pela "banda diagonal endógena" (era o nome da fórmula para uma "maxi" sem aumento de juros), que viveu tumultuadas 48 horas iniciadas na manhã de 13 de janeiro, quando me afastei da presidência do Banco Central. Foram muitas trapalhadas até que Pedro Malan fosse reconfirmado em seu posto, e, juntamente com Armínio Fraga, recompusessem a casa, inclusive, e principalmente graças a uma significativa elevação nos juros.

Todos nós ficamos muito positivamente surpresos com o grau de desindexação da economia, ou com os efeitos inflacionários modestos da enorme desvalorização cambial que se seguiu. Eu mesmo não acreditava que pudesse ser assim; ainda bem que estava enganado.

Em março, voltei a Brasília para a cerimônia formal de transferência do cargo de presidente do BC para Armínio Fraga e assim encerrar a minha passagem pelo serviço público com um longo e emocionado discurso passando em revista a trajetória toda, do começo ao fim. Fiz questão de prestar contas integralmente. Foi uma catarse.

"Petulante mas eficaz" foi o título da crônica de Dora Kramer no *Jornal do Brasil* do dia seguinte, sobre o discurso. Segundo ela:

> Comprou brigas que o governo adoraria comprar, nominou adversários que o governo adoraria nominar, fez uma defesa apaixonada

---

[14] Carlos Alberto Sardenberg, *Aventura e agonia: Nos bastidores do cruzado*. São Paulo: Companhia das Letras, 1987, p. 309.

do Plano Real e um relato minucioso a respeito das dificuldades para a preservação da moeda num país onde a cultura é a da gastança em todas as esferas.

Meu discurso terminava assim:

Para finalizar, queria reafirmar que eu preferia que as coisas estivessem acontecendo de modo diverso. Na verdade, é exatamente por isso que aqui está se encerrando a minha missão nesta Casa. O Governo segue o seu rumo, e eu, o meu. Aprendi na Universidade, para onde estou retornando, os valores da honestidade intelectual, da coerência, da integridade e do senso de propósito. Eu trouxe esse pequeno e intangível patrimônio para Brasília em 1993 e o levo de volta para a Universidade, seis anos depois, apenas enriquecido. A função pública é um duro teste para esses valores, um grande desafio ético, que eu acredito ter vencido.

Não creio que vá viver nenhuma emoção mais forte do que a que senti ao pronunciar essas palavras.

8

A planície

Prezado(a),

Minha última carta foi muito densa; não consigo escrever sobre o Plano Real sem colocar o coração na ponta da chuteira, espero que você compreenda. Estava no centro de uma coisa gigantesca, uma responsabilidade imensa, mas que sempre soube que ia terminar um dia, e que eu voltaria à condição de cidadão comum. Esse é o destino correto de todos que vão para o governo. Se você começar a fazer as coisas pensando em estender a sua permanência em Brasília, vai misturar sua agenda pessoal com o interesse público e acabar fazendo bobagem.

No fim das contas, o supremo teste destinado a aferir se você foi bem-sucedido na função pública será o de ter a felicidade de voltar à comunidade de onde você veio em paz com a sua vizinhança. Você tem um problema se, ao voltar para casa, depois de se desligar de um cargo em Brasília, não conseguir ir à praia como uma pessoa comum.

Lembro-me de Mario Henrique Simonsen, em 1979, quando deixou o governo, diante de desentendimentos com Delfim Netto, e foi à praia. Um gesto banal apenas na aparência. Deixou-se fotografar de calção de banho, não propriamente um atleta, e no mesmo instante voltou a ser um cidadão comum, com enorme bom humor.

Nesta carta, queria lhe falar exatamente sobre o que há para o economista fazer *depois* de uma experiência marcante, uma fase que se encerra, após a qual você precisa se reinventar. Ao longo de sua vida profissional, você vai ter que se reinventar um monte de vezes. Você não vai ter um único emprego todo o tempo, todas as trocas serão sempre sofridas e o primeiro passo, sempre difícil, é aterrissar de volta na planície. Na verdade, é bom ter uma planície para onde se pode sempre voltar.

Ao retornar para a PUC-Rio no começo de 1999, logo percebi que não seria fácil retomar o ensino e a pesquisa nas mesmas bases de antigamente, e por várias razões. Quando apareci para a primeira aula do curso que daria no primeiro semestre daquele ano, sobre temas contemporâneos em política econômica, encontrei 25 alunos constrangidos, como se estivessem de cintos afivelados dentro de uma sala em turbulência. Um batalhão de jornalistas histéricos estava de plantão do lado de fora, contido de forma desajeitada pela segurança da universidade. Foi preciso organizar uma coletiva, eu atuando como assessoria de imprensa de mim mesmo, com isso se perdendo um bom pedaço do tempo de aula. É claro que isso ia passar, mas era uma indicação importante de que nada seria como antes.

Um dos jornalistas se infiltrou entre os alunos e assistiu a essa primeira aula, para depois escrever um relato meio torto. Como não fiz chamada, não captei a intrusão. O resultado: uma matéria sensacionalista e tola, coisa de *paparazzi*, uma irritação sem tamanho, mas a troco de nada. Se ao menos fosse um jornalista com treinamento para saber do que se tratava a aula e o curso, teria escrito coisa com coisa. Mas, normalmente, o jornalista atrevido que faz essas piruetas é o que menos conhece do assunto e menos tira proveito.

O episódio dá uma ideia da atmosfera difícil naquele primeiro semestre letivo de 1999. Como parte do trote, os calouros de Economia, em vez de terem a cabeça raspada ou algo assim, eram forçados a fazer o juramento de jamais aceitar cargos no Ministério da Fazenda ou no Banco Central. Não tenho provas, mas me contaram que alguns calouros preferiram pagar a prenda e preservar suas opções. Assim são os economistas, e, afinal, a universidade estava feliz em me receber de volta e em ver outro de seus professores, Armínio Fraga, ocupando a presidência do BC com a missão de defender o real.

A monótona rotina universitária foi se estabelecendo lentamente, não teve mais *paparazzi* na segunda aula e a vigência da quarentena (que ainda não existia na lei, era coisa da minha cabeça e eu mesmo determinei que seria de um ano) fez com que me sentisse de volta à época de recém-formado, quando você se encontra diante da escolha entre a pós-graduação, o concurso público ou seguir carreira corporativa. Eu já tinha experimentado as duas primeiras opções e me lembrava de ter ouvido muitas vezes em Brasília, e também em Washington, que existem dois tipos de economista: os que escrevem e os que fazem. Os que fazem são os que vão para "o campo" e, uma vez desse lado – e eu já tinha cruzado essa ponte –, não havia mais retorno. A comovente história do Gabriel, contada adiante, é sobre isso.

Eu estava escrevendo um novo livro, que seria *O desafio brasileiro*, tinha iniciado uma coluna no *Estado de S. Paulo* e outra na *Veja*, mas estava indócil na pequena saleta que me deram no Departamento de Economia da PUC, com a sensação de que não estava mais *fazendo* nada. Alguma coisa tinha se modificado, ao voltar para casa depois da guerra. Não me incomodava em rachar o ar-condicionado, as salas dos professores eram muito pequenas, portanto não havia prejuízo à climatização do ambiente. O problema era o silêncio. Estava de volta à planície, recomeçando a vida, mas sentindo falta do tiroteio.

Tinha apenas 42 anos, era muito jovem para ser um *ex-presidente* do Banco Central e para o que costuma ser um fim de carreira. Bem, mas eu era muito jovem para ter sido *presidente* do BC. A primeira vez foi numa interinidade, em 1994, com pouco mais de 38 anos. Em 1997, já aos 41 anos, muito mais experiente, depois de sabatinado e empossado, fui à minha primeira reunião no BIS,[15] e a (minha) precocidade

---

[15] BIS é o acrônimo para Bank of International Settlements, um banco multilateral sediado na Basileia (Suíça) e que muitos descrevem como o banco central dos bancos centrais, pois é a instituição que os congrega e que lidera agendas internacionais de supervisão bancária, bem como de outros temas próprios de bancos centrais. O Brasil foi aceito como sócio da instituição em 1997.

foi o grande assunto com o então presidente do Banco da Inglaterra (o mais antigo dos BCs no recinto, fundado em 1694),[16] Eddie George, que se sentou ao meu lado em uma das primeiras reuniões e ficou puxando conversa. Perguntou na lata se eu não era muito jovem para *aquilo*. Respondi que os assuntos monetários no Brasil eram muito agitados e que era preciso ter gente jovem no Banco Central para cuidar de tanta bagunça. Os idosos não iam aguentar o tranco. Veja que as pessoas que cuidam de *hedge funds*, brinquei, são sempre bem mais jovens do que nós. Ele devia ter uns 20 ou 30 anos a mais que eu e fumava sem parar. Perguntei então qual era seu esporte predileto, e George respondeu que era *birdwatching*, observação de aves. Pois o meu era caça submarina, eu disse, com ar de quem tinha provado o meu ponto. Rimos um bocado, e ainda mais quando contei que no dia anterior, ao chegar para o *cocktail* que recepcionava as delegações, o funcionário do BIS que nos recebera tinha se virado para mim, muito gentil, e perguntado:

– *Where is your governor?*[17]

A precocidade esteve comigo durante toda a minha vida profissional. Sempre fui o mais jovem do grupo – ao menos até aquele momento, de volta no Departamento de Economia da PUC-Rio, exatos dois anos depois desses incidentes na Basileia.

Entre os professores do departamento sempre houve uma divertida rivalidade entre gerações, os mais grisalhos e seus ex-alunos, agora também professores, seus pares, e o assunto mais frequente das pesadas reuniões de toda segunda-feira não era a inflação, a universidade ou o financiamento da pesquisa, mas a calvície. Os mais velhos acompanhavam o desmatamento capilar dos mais jovens, muito atentos em assinalar o momento em que você passava a pertencer ao grupo *deles*, os Econs mais velhos e mais sábios, ou que tinham mais passado que futuro, e menos cabelo. Cruel o rito de iniciação, confirmando o relato

---

[16] É o segundo mais antigo do mundo, perdendo apenas para o da Suécia (Sveridges Riksbank), que é de 1668.

[17] "Onde está o seu presidente?" (Os presidentes de bancos centrais são designados, em inglês, como governadores.)

do professor Liebfraumilch. O conflito intergeracional é uma realidade, você vai ver de perto quando chegar a sua vez de brigar pela reforma da Previdência.

Minha ansiedade tinha que ver com uma observação de minha mãe, feita quando fui lhe contar, com todos os cuidados e reservas, que ia sair do Banco Central. Ela não captou bem minha preocupação, que era com o modo como ela veria o assunto pela cobertura televisiva. Ela me brindou com uma pérola, que Guilherme Fiuza aproveitou em seu *3.000 dias no bunker*:

– Seu pai está velho, está mesmo na hora de você arrumar um emprego sério.

É perfeitamente normal que a passagem pelo governo deixe as pessoas descapitalizadas, pois os salários são ruins e não há outra fonte de renda. Como já observado, é o pior emprego do mundo. Esquisito é gente que enriquece no setor público. Sempre pode haver uma explicação, mas não será muito simples.

Eu não tinha ilusões sobre a existência de corrupção em Brasília e, como qualquer novato, cheguei à cidade muito precavido e armado para o momento em que viesse a encontrar essa realidade. Descobri, todavia, uma peculiaridade da geografia comportamental de Brasília que talvez seja mais bem descrita por uma história de pescador: você pode praticar caça submarina durante 40 anos, como eu, e nunca ver um tubarão. Barracudas são mais comuns, inclusive em cardumes, mas elas não vão devorar você. Elas têm dentes grandes e proeminentes, são exibicionistas como animais territoriais, mas jamais se aproximam. É muito difícil arpoar uma barracuda, e um tubarão, mais ainda, o que, no entanto, nunca deve servir como indicação de que eles não existem e não são perigosos. Logo me ensinaram que era uma lei básica da bandidagem: eles evitam se aproximar da polícia, excetuada aquela que é também corrupta. Os corruptos não vão se meter com você, a menos que você sinalize muito claramente que quer se aproximar deles. Fora disso, você será considerado polícia e, portanto, uma ameaça para eles; uma criatura a ser evitada.

Tempos depois, alguma coisa muito importante se modificou nessa química, refletindo alterações doutrinárias e práticas no tamanho e no papel do Estado na economia brasileira. O "mensalão" e o "petrolão" foram expressões desse fenômeno, todos parte de uma "nova matriz macroeconômica", uma espécie de nova filosofia sobre a prática das políticas públicas (ou da economia política?), ou sobre as relações entre o público e o privado, de resultados muito negativos para o desempenho do país, em particular o das empresas estatais, e para a moral e os bons costumes.

O ministro do STF (Supremo Tribunal Federal) Celso de Mello, hoje aposentado, viu esses escândalos como parte de um "projeto criminoso de poder" – expressão forte, de sua própria lavra –, no qual o principal campo de provas foi a Petrobras. Entretanto, foi Aswath Damodaran – o famoso professor da Escola de Negócios da Universidade de Nova York (Stern School of Business), considerado um dos maiores gurus no assunto de avaliação de empresas, um ídolo para a garotada de M&A (acrônimo em inglês de *mergers and acquisitions*, ou fusões e aquisições) – quem fez uma ressalva importante sobre esse assunto, em um pequeno e decisivo estudo sobre a Petrobras no começo de 2015: "Não se deve atribuir a malícia o que pode ser explicado por ganância, conflito de interesses e incentivos equivocados." Damodaran de fato *fez a conta* dos determinantes da perda de valor da companhia.

Os custos da corrupção para a companhia foram cuidadosamente calculados pelos auditores da empresa em pouco mais de 6 bilhões de reais, mas o valor de mercado da companhia caiu mais de 200 bilhões.[18] Você vai aprender na faculdade a calcular o valor de uma empresa, assunto imensamente discutido na época das privatizações, e provavelmente vai esbarrar num livro do professor Damodaran, guarde esse nome.

Claro que é diferente, esses 6 bilhões correspondem a crime, pelo

---

[18] O valor de mercado da Petrobras chegou a atingir 457 bilhões de reais em 2007 e 402 bilhões de reais em 2011, quando a empresa fez um grande aumento de capital lançando ações em Nova York. Em 2013, o valor de mercado da empresa oscilou em torno de 210 bilhões de reais. Os 6 bilhões de corrupção foram reconhecidos nas demonstrações financeiras relativas a 2014 (terceiro trimestre) e a operação Lava Jato teve a sua primeira fase em março de 2014.

qual teve muita gente presa. Na verdade, bastavam 6 milhões. Os 200 bilhões de "destruição de valor" tiveram outra natureza. Ainda que seja fenômeno raro, é perfeitamente plausível que uma companhia perca metade de seu valor de mercado, ou mais, num horizonte de alguns anos, mercê de estratégias corporativas ensandecidas. Foi exatamente isso o que se passou com a Petrobras, conforme a autópsia de Damodaran, que decompôs a "tempestade perfeita" que se abateu sobre a companhia em cada um de seus elementos. Eis o roteiro, veja o que você acha.

O desastre que consumiu o fluxo e o caixa da companhia começa com investimentos vastamente superdimensionados, muito claramente contagiados por ideias muito ambiciosas sobre o *tamanho* do Estado e da própria Petrobras.

O desastre prossegue com o que pode ser descrito como "populismo tarifário", ou seja, a fixação dos preços dos produtos da companhia de forma a atender ao "interesse público", que estaria direcionado ao combate à inflação, ainda que às custas da companhia. É antiga a ideia de manipular os chamados "preços administrados" conforme os interesses do governo, o controlador, numa espécie de congelamento de preços parcial, uma ferramenta torta e ineficaz de combate à inflação e cujos custos recaem integralmente sobre a companhia. Ficou célebre uma declaração acaciana de Aloizio Mercadante de 2014, pela qual "preços administrados são preços administrados [referindo-se às chamadas "tarifas públicas", ou os preços de produtos e serviços providos por concessionárias de serviços públicos ou monopólios estatais cujos preços são determinados pelo governo]. Você administra em função do interesse estratégico da economia, dos consumidores".

O terceiro componente da tragédia é a atuação da companhia no contexto da "política industrial" do governo, pela qual se impõe uma ambiciosa diretriz de nacionalização dos equipamentos e contratações, mesmo que em flagrante prejuízo dos custos e da produtividade da companhia.

Outro elemento seria um dividendo superdimensionado, seja para cobrir o buraco fiscal do controlador, seja para compensar os minoritários pelo que se toma como deficiências de governança ou atividades que beneficiam o controlador (atendendo ao interesse público) em detrimento da companhia. E o quinto elemento é o endividamento, que serve para fechar a conta: a dívida da Petrobras de fato explode com essa "Nova Matriz", de 20 bilhões de reais em 2005 para 390 bilhões em 2015, detonando o valor de mercado da empresa.

Postos em conjunto, esses elementos explicam o desastre para a companhia, e nisso tudo há um flagrante paralelismo com o que se passa com o próprio Brasil. A "Nova Matriz" provocou uma crise na Petrobras e outra no Brasil, mas são dois capítulos do mesmo enredo, com os mesmos conceitos e as mesmas pessoas tomando decisões. Pode chegar o dia em que você estará diante de eventos assim tão complexos e de decisões difíceis, tais como "pular de paraquedas ou chamar a polícia?".

De toda maneira, a desproporção entre os números da corrupção (em torno de 6 bilhões de reais) e da perda de valor de mercado da Petrobras (em torno de 200 bilhões de reais) parece confirmar uma sabedoria maliciosa sempre associada ao ex-ministro Mario Henrique Simonsen segundo a qual sai muito mais barato pagar as propinas e *não executar* as políticas heterodoxas, as obras e as feitiçarias a toda hora sopradas nos ouvidos das autoridades em Brasília. As ideias econômicas heterodoxas não estão necessariamente correlacionadas com a corrupção, mas podem caminhar juntas. Quer algo mais keynesiano que um empreiteiro de obras públicas?

Bem antes de tudo isso, em 2000, ao terminar minha quarentena e iniciar minha "privatização", eu modestamente pensava em construir um patrimônio, mas queria também reservar algum tempo para a docência e para escrever, atividades muito mal remuneradas, como já tinha aprendido. Os economistas precisam encontrar um equilíbrio entre atividades, pois algumas das mais interessantes são as que pior remuneram.

Tinha passado quase sete anos no governo e outros sete anos anteriores como professor e pesquisador. Precisava ouvir minha mãe. Não deixe de ouvir a sua, em qualquer decisão que tenha a ver com dinheiro.

Claro que às vezes é melhor não perguntar. Se fosse falar de vínculos com a universidade e de fazer livros, eu sabia bem o que ia ouvir: vão ser os livros mais caros do mundo, meu filho...

Mas é quando você faz a opção de virar empresário – e vamos deixar claro que essa é uma opção escolhida apenas por gente muito estruturalmente otimista com o Brasil – que se aprende como é difícil o "ambiente de negócios" no país e sobre o anticapitalismo brasileiro. Não acredite quando lhe falarem de capitalismo selvagem ou de liberalismo radical no Brasil: é conversa mole de empresário chapa-branca. Lembro-me de uma fala de Roberto Campos de 1997 em seu prefácio para a edição brasileira do impagável *Manual do perfeito idiota latino-americano* (de Plinio Mendoza, Carlos Montaner e Álvaro Vargas Llosa), em que falava sobre o ridículo de se atribuir a pobreza e a desigualdade ao capitalismo e ao liberalismo, "animais quase inexistentes em nossa paisagem e que apenas agora [1997] ensaiam uma tímida presença. Os reais inimigos são outros, o mercantilismo patrimonialista, o estatismo e o nacionalismo".

Roberto Campos deixou este mundo em outubro de 2001, com muitos de seus adversários lhe rendendo homenagens, inclusive aqueles que o rotularam de entreguista e o chamavam de Bob Fields. Bem antes, aliás, em abril de 1993, a *Folha de S.Paulo* já tinha publicado um caderno especial com o título "Ok, Bob, você venceu". Claro que era um enorme elogio, misturado com certo sarcasmo, mas não acho que fosse uma rendição incondicional, a despeito da interpretação literal que se pode fazer do título do caderno. Não creio, ademais, que uma rendição da *Folha* seria jamais reconhecida por outras renomadas instituições paulistas, a começar por aquela que congrega os industriais.

Muito claramente, o Brasil não é, nem nunca foi, um país de exageros liberais ou de liberalismo radical, mesmo depois do Plano Real e de todas as privatizações que promoveu. Aproveitando a estabilização, e com o intuito de sustentá-la, conseguimos aparar alguns dos excessos de estatismo e de irresponsabilidade fiscal, mas não todos, talvez nem mesmo a maior parte. Depois que Campos deixou este mundo, ainda por cima, o PT ganhou as três eleições presidenciais que se seguiram.

Dos 7.304 dias decorridos entre 1º de janeiro de 2003, quando Lula primeiro assumiu a Presidência, até 31 de dezembro de 2022, quando terminar o mandato de Jair Bolsonaro, o PT terá governado durante 4.991 dias (68% do tempo), e o tempo restante poderá ser dividido entre dois presidentes que foram deputados federais junto com Campos, na 50ª Legislatura (1991-1994), que não tinham nada de liberais e que Campos jamais imaginaria capazes de chegar à Presidência: Michel Temer (853 dias, menos de 12% desse período) e Jair Bolsonaro (1.460 dias, ou 20% do tempo). Não dá para colocar a culpa no liberalismo: continuamos reféns do mercantilismo patrimonialista, do estatismo, do nacionalismo e da irresponsabilidade fiscal bem-intencionada. E, a julgar pelo prognóstico para estas eleições de 2022, não vamos sair desse cardápio.

Mas não desanime com o Brasil. Acompanhe o noticiário sobre unicórnios e outras criaturas de fantasia, não relacionadas com Brasília, navegue na direção dos seus sonhos, não se deixe patrulhar e sobretudo não se esqueça de Fernando Pessoa ("Para ser sonhador falta-me o dinheiro") e de Shakespeare, ninguém menos, que ficou rico como empresário e praticando a sua arte.

Você é livre para inventar o seu sistema e sua arte. E, a partir de 2000, era exatamente isso que eu precisava fazer.

9

Nosso teatro global

Prezado(a),

Queria lhe falar sobre o mercado financeiro, no qual trabalhei a maior parte do tempo desde que deixei a PUC, em 2000. É normal, como expliquei em nossa última correspondência, que a passagem pelo setor público deixe as pessoas descapitalizadas, já falamos sobre isso. Também é normal que, depois de alguns anos de Banco Central, você vá trabalhar no sistema financeiro, como se observa em qualquer parte do mundo. Mas é claro que não é trivial passar de regulador a regulado, um problema amiúde descrito como o das "portas giratórias". Para isso existem as quarentenas e sabatinas, bem como muitos outros cuidados, que vão, inclusive, se multiplicando nas empresas e no setor público.

São sérios os problemas por conflito de interesses e "indicações políticas". Isso nada tem a ver com a crítica à leviandade dos intelectuais sem *skin in the game*, tampouco indica que haja alguma forma de interesse ou tentativa de influenciar sua opinião. Em muitas situações você estará em posição de independência – é um pré-requisito para muitos empregos – e, em outras, será contratado de uma parte interessada. É parte do jogo. Não há certo nem errado na sua posição, *a priori*, o que não pode ocorrer é falta de transparência sobre onde você está. É disso que cuidam as regras de recrutamento, bem como os sistemas de controle e de governança, que vão ficando mais e mais rigorosos, tanto no setor público como nas empresas. Vá se acostumando. Esse é o "G" da agenda ESG, cada vez mais dominante na economia global, não tente lutar contra isso. O "E" se refere a meio ambiente (*environment* em inglês) e o "S" a social.

Trabalhar no mercado financeiro é uma experiência extraordinária. Para muitos é o centro do universo, mas é também onde se encontra o lixo da humanidade, tanto na infantaria como nos postos de comando. É lá que mora um monstro poderoso, cujo bafejo destrói moedas e governos, cujo aplauso fornece a matéria para lendas e cujos caprichos poucos são capazes de interpretar. É muito interessante o funcionamento dessa temida criatura, tão complexa quanto a definição de seus contornos.

Nenhum outro lugar, grupo ou ajuntamento possui uma personalidade coletiva tão marcante e tão difícil de decifrar, sendo talvez a mais completa das metáforas para o gênero humano. Fala-se do mercado sempre na terceira pessoa, com grande respeito, e é isso o que mais chama a atenção quando você ouve pessoas do ramo: falam do "mercado" como se fosse o chefe delas, ou um personagem de outro planeta, com opiniões e idiossincrasias próprias. É sempre estranho ouvir esse tipo de coisa: o "mercado" pensou, interpretou ou trabalhou assim, ou assado, achou isso ou aquilo, e quem fala parece deliberadamente querer se afastar dessas ações e pensamentos, não necessariamente por repulsa ou discordância, mas por respeito. É a voz do grupo, nosso *alter ego* para assuntos econômicos, inclusive liberado para exprimir nossos piores sentimentos.

É claro que há uma lição importante aqui: nos assuntos de economia, *o todo é muito maior que a soma das partes*, tanto que, se você ouvir qualquer uma dessas partes isoladamente, qualquer um dos participantes, vai ficar com uma impressão errada do conjunto. Eu lhe falei sobre isso logo na minha primeira carta. Lembre-se disso toda vez que ouvir um colega, ou a si mesmo, falando sobre o mercado na terceira pessoa.

Há muita implicância com essa ideia do mercado, que alguns enxergam como uma espécie de religião, na qual a opinião coletiva inconfessável funciona como um totem – o "deus mercado" é uma expressão comum de quem não gosta dessa lógica – que emana julgamentos impessoais sempre inegociáveis quando se trata da aplicação das leis econômicas. Os economistas de esquerda acham que é uma conspiração, e os políticos também.

É comum que os líderes políticos se irritem quando ouvem de assessores que devem evitar isso ou aquilo porque "o mercado não vai gostar", e invariavelmente alegam em resposta que o "mercado" estaria limitando as possibilidades de governantes legitimamente eleitos. O mercado seria uma espécie de ameaça à democracia, mais ou menos como as redes sociais.

Mas não é bem assim. Claro que os políticos são perfeitamente livres para fazer as bobagens que bem entenderem. É igualmente claro que nem sempre querem enfrentar as consequências de seus atos. É aí que entra o "mercado", que reage bem ou mal, conforme as interações e as opiniões de seus participantes, aprovando ou reprovando as iniciativas dos governantes, e com as nuances que entender apropriadas. Muitos políticos não gostam desse "julgamento" em tempo real e acham que o único juízo relevante para suas ações é o das urnas, com quatro anos de descanso entre uma avaliação e outra. Será? Ou será que não são apenas etapas de um mesmo processo, agora mais aperfeiçoado? Não faz sentido que haja uma prestação de contas no intervalo de tempo entre as eleições? Ou que o público seja capaz de aplaudir ou vaiar antes do fim do espetáculo? Será que esses supostos excessos de transparência por parte do público atrapalham a democracia?

Há particularidades importantes no funcionamento do mercado financeiro como mecanismo de engajamento e de formação da opinião e de imposição de limites aos poderosos. A principal é que a percepção dominante, aquela que será tomada como o veredicto do conjunto, é o resultado líquido de apostas em determinados preços de ativos importantes – o câmbio, os títulos do governo, as ações da Petrobras, por exemplo. Através desses preços as pessoas trocam prognósticos sobre o futuro, nos quais as opiniões estão *implícitas* e há muito dinheiro em jogo. Por isso mesmo não são meros pontos de vista: o engajamento aqui é medido pelo dinheiro sobre a mesa, e não com cliques.

Quando a bolsa cai depois de um pronunciamento ou uma decisão do governo, o mercado depositou o seu "voto". As autoridades ficam confusas, querem explicar, dizem que o "mercado" está errado, e por aí vamos. É como falar com uma multidão, um auditório confuso, é preciso desenvolver novas formas de comunicação nesse contexto.

Nesse aspecto, os mercados financeiros se parecem com as redes sociais. Como se sabe, demorou alguns anos para que os políticos, e os interessados em política, descobrissem as redes sociais. Depois que descobriram, nunca mais as deixaram. Mas, com isso, entenderam melhor a lógica dos mercados financeiros, por mais estranho que pareça.

Na rotina diária do mercado, as pessoas *votam* comprando e vendendo, com isso mandando mensagens poderosas às autoridades. Nos mercados financeiros, e nas redes sociais, todo dia é dia de eleição, muitas vezes em tempo real. Muitos gostam dessa dinâmica, e vivem como em um *reality show*, 24 horas por dia ao vivo nas redes ou nas "telinhas" (era a expressão que FHC usava para os noticiários em tempo real que o mercado acompanha o tempo inteiro, como o Broadcast, a Reuters e a Bloomberg), outros nem tanto, mas todos concordam que é o sistema que temos diante de nós e que não há outro. Na verdade, todos já se adaptaram, e mais, parece não haver nada tão irresistível para os políticos quanto o aplauso do mercado.[19]

Note que as mensagens do mercado financeiro não são bem uma visão da maioria, pois não refletem nada parecido com uma votação na qual cada pessoa tem um voto. Os resultados nos mercados estão mais para uma *média ponderada* pelo tamanho das apostas, ou pela intensidade das crenças. O dinheiro tem voz (*money talks*, é como se diz em

---

[19] Não resisto à tentação de fazer uma recomendação de leitura, para uma explicação melhor e mais completa desses temas, sobretudo em se tratando de um texto meu: *As leis secretas da economia: Revisitando Roberto Campos e as leis do Kafka*. Zahar, 2013, leis de #1 a #12 (o mercado).

inglês). É diferente do que se passa nas redes sociais, nas quais, como se sabe, existem muitos outros problemas e ponderações. Basta lembrar, por exemplo, que a maior votação do público em um paredão do programa *Big Brother Brasil* teve mais de 1,5 bilhão de votos, perto de 10 vezes o eleitorado do país. Como pode ser?

Figura 5: Como pode ter ocorrido um paredão do programa *Big Brother Brasil* com mais de 1 bilhão de votos, em 2020, se só havia 149,78 milhões de brasileiros aptos a votar nas eleições daquele ano? É complexa a relação entre redes sociais e a democracia, em particular no tocante às distorções na representação e no tão falado "engajamento". Do *BBB* de 2021 participou um economista, conhecido como Gil do Vigor, formado pela Universidade Federal de Pernambuco, e que seguiu seus estudos na pós-graduação nos Estados Unidos, na Universidade da Califórnia em Davis. Gil declarou em entrevista que tem como sonho, depois de seu doutorado, chegar a presidente do Banco Central do Brasil. No perfil oficial do BCB no Twitter veio uma resposta entusiasmada: "Ficaremos alegres em contar com o seu vigor em nossa equipe." Graças a Gil, temas de economia foram levados a milhões de pessoas. *Foto: Cortesia Gil do Vigor.*

Bem, há debates acirrados em toda parte sobre liberdade de expressão, opinião pública, o papel da mídia, da regulação da mídia ou até das redes sociais (quando permitem a disseminação de *fake news*), o que apenas adiciona novos componentes às dúvidas sobre se o mercado financeiro prejudica a democracia, se apenas dificulta comportamentos idiotas por parte dos governos ou se agrega novas dimensões ao terreno das políticas públicas.

Independentemente dessas questões filosóficas, todo mundo quer entender como o mercado forma sua opinião. Esse é o grande enigma. Se é conhecida a lógica do pensamento do "deus mercado", fica mais fácil (para as autoridades) dialogar com ele, bem como para as pessoas administrarem seus investimentos.

Curioso, não? Somos nós, individualmente, querendo entender como pensamos coletivamente, e parece dificílimo.

A ideia de capturar a *inteligência* desse nosso subconsciente coletivo, que funciona como a caixa mágica da economia globalizada, e que estabelece os preços de todas as coisas que determinam a riqueza, funciona como o mito da pedra filosofal. É o desafio supremo, reconhecidamente inalcançável, o enunciado dos "fundamentos" que vão prevalecer no fechamento dos pregões, a chave para a riqueza infinita. Ninguém possui essas chaves, que todos procuram desde o início dos tempos. Warren Buffett deve saber alguma coisa a mais, mas não tudo, e há outros como ele, mas são pouquíssimos.[20] Há esperança para você, e para qualquer um de nós.

Não sei se você vai encontrar o cálice sagrado no sistema financeiro, tomara que sim. Certo mesmo é que vai passar a vida inteira se esforçando para *permanecer acima da média* apenas para descobrir, não muito tempo depois, que, nesse ofício, *todos estão acima da média*. Isso pode ser matematicamente impossível, mas faz o maior sentido e costuma ser uma lição de humildade para as grandes inteligências.

Para você ter uma ideia de como é o "chão de fábrica" do mercado financeiro: os fundos de investimentos operando no Brasil costumam

---

[20] Há muitos gestores no Brasil que são craques absolutos e possuem algumas dessas chaves. Há uma ótima coletânea com depoimentos de vários deles, intitulada *Fora da curva: Os segredos dos grandes investidores do Brasil – e o que você pode aprender com eles*, organizada por Florian Bartunek, Giuliana Napolitano e Pierre Moreau para a editora Portfolio-Penguin (2016). Há duas coletâneas adicionais, dos mesmos organizadores, ou quase, ampliando o grupo de gestores fora de série.

exibir em suas "lâminas" (não se espante, é assim que se chamam os folhetos de uma única página nos quais os fundos divulgam os diversos números do seu desempenho passado, conforme padronizações dadas pelos reguladores, inclusive com a imensa ressalva de que resultados passados nada indicam sobre o futuro) uma janela, ou um período, no qual bateram o mercado, ou seja, que tiveram rendimento maior que o CDI, a sigla para a taxa de juro de referência.[21] Mas há muita controvérsia a respeito dessas alegações sobre ganhar do mercado, ou ficar acima da média, sistematicamente. É questionável se alguém de fato ganha do CDI em todas as janelas, ou se a chamada gestão ativa ganha da gestão passiva, para usar uma terminologia mais técnica.

Numa linguagem mais pedestre, a tese é a seguinte: como não é possível que todos fiquem acima da média, a metade que está abaixo mente sobre sua localização, o que pode também ser o caso da metade de cima, pois eles não estão em cima todo o tempo. "Todo mundo mente" era um bordão muito frequente do Dr. House, personagem de um famoso seriado de TV. House era um médico talentoso e ranzinza cuja principal característica era a tendência a dizer a seus pacientes verdades inconvenientes que invariavelmente traziam racionalizações tolas sobre as mazelas deles.

Logo você vai esbarrar com uma fala que é muito comum também no Parlamento (eu a ouvi muitas vezes em Brasília): aqui tem de tudo, menos bobo, o tipo que não se elegeu. No mundo financeiro é parecido, e o assunto é suscitado a propósito das supostas *imperfeições* do mercado, as famosas "falhas de mercado" que os economistas de esquerda enxergam em toda parte. Em geral, todavia, para a existência dessas "falhas", é necessária a interveniência de um personagem complexo, o trouxa, e são muitas as dúvidas sobre a efetiva existência dessa figura, raramente documentada.

---

[21] A sigla CDI (certificados de depósito interbancários) designa a taxa média praticada nesse tipo de negociação, que seria uma espécie de mercado secundário do dinheiro; dele participam apenas as instituições financeiras, como se fossem os "atacadistas" dessa mercadoria.

É como a discussão sobre vida em outros planetas: fascinante, deve haver, porque o universo é muito grande, mas ninguém nunca viu, exceto nos canais de TV especializados em ufologia.

Há sempre grande controvérsia sobre esses assuntos. Nunca se esqueça da nossa cláusula pétrea sobre refeições gratuitas de que lhe falei no começo de nossa correspondência. Guarde uma imagem mais concreta: se você tropeçar em uma nota de 100 dólares no chão, sobretudo em plena avenida Faria Lima, nem se dê ao trabalho de se abaixar, pois certamente é falsa.

Outra interpretação bem mais venenosa, e muito popular no Brasil, é a de que o trouxa não é trouxa de graça, o que, em verdade, implica que o trouxa não é realmente trouxa. Essa vertente de interpretação remonta a Epimênides, filósofo cretense autor de um paradoxo que leva seu nome: quando Epimênides, o cretense, diz que todo cretense é mentiroso, estará dizendo a verdade?

Não obstante a força do sofisma, tenha claro que no mercado financeiro existem muitos "problemas de agência" – quando o relacionamento entre um representante ou corretor (o "agente") e um investidor (o "principal") não está alinhado mediante mecanismos corretos de remuneração e incentivo. Há também muita "assimetria de informação", isto é, situações nas quais um dos parceiros de um negócio sabe muito mais do que o outro, especialmente no tocante a produtos financeiros complexos.

Com todas essas explicações elaboradas e científicas para o fenômeno do trouxa, às quais devemos certamente acrescentar a corrupção, é bem plausível a tese segundo a qual o trouxa somente pode ser encontrado no mesmo endereço onde moram Papai Noel e o almoço grátis.

Junte isso tudo a cobiça e ingenuidade, a erros de julgamento e a corrupção, e você terá todos os ingredientes para bolhas e pânicos, fraudes e trampolinagens, e, sobretudo, para movimentos do "mercado" que você não vai entender. Mas não perca seu tempo raciocinando sobre a irracionalidade do mercado. É você que não está vendo. Sim, o mundo financeiro é difícil de entender e contém muitos perigos, mas não se deixe desanimar, há muitas oportunidades maravilhosas, e, para auxiliar seu trânsito nesse território, e encerrar esse assunto que já se estendeu demais, quero lhe deixar três conselhos muito básicos.

Primeiro, saiba que nenhum dos pecados normalmente associados ao mercado financeiro é privativo desse mundo, tampouco são obrigatórios a seus participantes. Muitos dos melhores *insights* sobre anomalias informacionais do mundo financeiro surgiram em estudos para o mercado de carros usados, inclusive conquistando um Prêmio Nobel.[22]

Segundo, lembre que o mercado é a síntese da economia global, o palco de todos os enredos, nosso teatro global, uma gigantesca metáfora para o gênero humano, onde você encontrará todos os vícios e virtudes do mundo, tal como no universo shakespeariano, suas tragédias, comédias e histórias, medo e cobiça, em permanente tensão. Não é um convento de freiras nem o quinto dos infernos, mas um lugar especial com muitas inteligências fabulosas, muito dinheiro e muitos enigmas. Acho que todo economista deve conhecer o que se passa no mercado financeiro, onde quer que vá trabalhar, sobretudo para aprender sobre humildade e arrogância, e também sobre outros extremismos do gênero humano.

Terceiro, dentro desse vasto território, rapidamente você vai achar aqueles que se parecem com você, e me permita advertir sobre os malandros, um tipo que você certamente deve evitar nesse processo. Quero compartilhar com você uma hipótese que tenho sobre esse assunto, de impossível comprovação, mas muito plausível: acho que há *menos* malandros genuínos no mercado financeiro do que corruptos em Brasília. A maior parte deles, ou, melhor dizendo, dos suspeitos de malandragem no mercado financeiro, é gente muito certinha, se fazendo de esperta e

---

[22] George Akerlof, um dos três vencedores do Nobel de Economia de 2001, tinha como sua contribuição principal um extraordinário *paper* sobre o mercado de carros usados na Califórnia. "*Lemons*" (literalmente, limões) é a gíria americana para os usados: bonitinhos por fora, azedos por dentro. Stiglitz, outro vencedor do mesmo ano, trabalhou com assimetria de informação na indústria dos seguros, e Spence, o terceiro, com o mercado de trabalho. Ao anunciar o prêmio em 2001, a Academia Sueca mencionou "análises de mercados com informação assimétrica".

rosnando uma agressividade totalmente falsificada. É curioso, em Brasília eles se escondem; no mercado financeiro, todos se fingem de malandros, para se exibir, mas são poucas as ratazanas velhas realmente ruins. Cuidado com elas.

Observadas essas cautelas, deixe-me, agora, elaborar sobre os aspectos instigantes da coisa, começando pelo fato de que o sistema financeiro acabou se tornando o grande mecanismo de *proteção* contra a devastação provocada pela inflação, mas se adaptou a essa função social absolutamente essencial através de fórmulas muito estranhas. Quem olhasse para o Brasil naqueles dias veria um mecanismo meio doido, que a professora Maria da Conceição Tavares costumava descrever de forma pitoresca como "a ciranda financeira".

Para entender, comece imaginando um cenário surreal para qualquer pessoa da sua idade. A inflação era de 1% ou 2% *ao dia*, e foram aproximadamente 15 anos desse jeito. A inflação brasileira passou de 100% ao ano no acumulado de 12 meses em 1980 e só foi cair abaixo disso em 1995. Durante esse período, a média foi de 16% mensais, com grande variância (lembre-se que, nesses 15 anos, tivemos cinco congelamentos de preços, cada um deles durando alguns meses). Não esqueça que um mês tem 22 dias úteis, às vezes menos, e que, no pior mês, a inflação foi de 82% em 30 dias.

Nesses tempos, praticamente todos os dias (úteis) você, ou quem cuidava do seu dinheiro, tinha que juntar todas as suas economias para comprar um título do governo com correção monetária com o qual você ia passar a noite, protegido(a) da inflação, para, no dia seguinte pela manhã, vender o papel de modo a ter dinheiro para pagar suas contas, e repetir o procedimento de noite.

Essa era a ciranda. Era como correr na esteira para talvez ficar no mesmo lugar, ou prender a respiração para atravessar uma onda grande todos os dias.

Nessa época, o sistema financeiro funcionava quase que exclusivamente para rodar e rolar a dívida pública no chamado *overnight*, como acabei de descrever, com isso oferecendo às pessoas uma defesa contra a inflação e, ao governo, uma fórmula para vender seus papéis e financiar suas atividades. Não vou nem começar a detalhar esses mecanismos, pelos quais traficantes e viciados passam a depender uns dos outros e da droga, ou sobre a lógica de funcionamento da máfia ou dos "flanelinhas", você vai se divertir muito entendendo essas relações no seu curso de Economia.

Era uma loucura, mas era sempre fascinante pensar como seria quando ficássemos livres do vício. De fato, uma vez ultrapassada a hiperinflação e o Y2K (designação da época para o chamado "bug do milênio", a hipótese segundo a qual, quando os relógios nos computadores marcassem 2000, seria um apocalipse cibernético, pois as máquinas entenderiam que era 1900), todos sabiam que o mercado financeiro ia mudar profundamente e que toda essa energia seria canalizada para algo diferente e melhor.

Mas de que jeito exatamente?

Era muito difícil prever. Todos tinham suposições mirabolantes, mas o que de fato teve lugar nas duas primeiras décadas do século XXI ultrapassou largamente todos os prognósticos. Como é muito comum nessa profissão, é mais fácil observar a transição *retrospectivamente*, ou seja, fazer prognósticos para o que já aconteceu.

A primeira grande reviravolta, na verdade uma grande "sacudida", teve que ver com o chamado *float*, que era um termo genérico para as 300 e tantas fórmulas pelas quais os bancos ganhavam dinheiro com a inflação. Tecnicamente, é o resultado no caixa dos bancos decorrente dos diferenciais de prazo e incidência de indexação entre ativos e passivos, receitas e despesas, dos bancos. Pense em recursos que ficavam repousando e derretendo em contas, sem remuneração, esquecidos ou "em trânsito" por prazos indeterminados: esses recursos são como uma "captação gratuita" para os bancos.

Os bancos ganhavam bastante dinheiro com o *float* nos tempos da hiperinflação, era cômodo ser "sócio" do governo, e muitos nem sabiam bem como lucrar de outras formas. Até o dia em que a hiperinflação acabou e vários bancos quebraram. O Banco do Brasil, por exemplo, por muitos anos o maior e mais pujante de todos, quebrou em 1996, e precisou de uma capitalização de 8 bilhões de reais do governo federal. Foi um choque, que começou com o anúncio, super mal recebido, de que o Banco do Brasil não ia pagar dividendos. Claro que era um absurdo um banco que dava prejuízo pagar dividendos, mas era assim desde o tempo de Machado de Assis, que escreveu crônicas maravilhosas sobre o assunto – em sua época, quem "vivia de renda" era "acionista do Banco do Brasil" (vale dizer, credor de dividendo, segundo explicava o escritor) e não queria perder tempo com os ritos de governança, mesmo a escolha dos "divisores" (os dirigentes), pois tudo era sempre decisão "do dono da casa", isto é, o imperador.

Em seguida à capitalização do Banco do Brasil, quase todos os bancos estaduais foram liquidados ou privatizados, pois estavam quebrados, através de um programa especialmente criado para isso. Alguns dos grandes bancos privados também quebraram, e o governo montou programas complexos para evitar que os depositantes perdessem seu dinheiro, mas sem livrar os controladores e dirigentes de suas responsabilidades. Não tivemos crise sistêmica, mas houve muita controvérsia. O PT bateu muito nesses programas, mas, curiosamente, em 2008, quando os americanos tiveram a sua crise bancária sistêmica, o presidente Lula se jactou de que podíamos exportar para eles a nossa tecnologia para evitar esses problemas.

A segunda grande revolução foi no crédito. Foi gigante e teve inúmeros desdobramentos, com crediários e parcelamentos interagindo poderosamente com novas possibilidades no terreno imobiliário, sobretudo no crédito consignado, aquele com "desconto em folha", e que se alastrou como uma febre entre funcionários públicos e aposentados. O estoque total de crédito na economia cresceu de 26% do PIB em 2002 para 45% em 2010 e, sem dúvida, foi a grande turbina para o fenômeno da ascensão da classe C tão discutido nesses anos. Um sistema financeiro funcional é fundamental para o crescimento e para uma distribuição de renda melhor, simples assim.

Uma terceira revolução, parecendo ocorrer em sequência, tinha que ver com a indústria de administração de investimentos (o *asset management*, como se fala em inglês). A cada ano, o número de pessoas e os volumes investidos no mercado de capitais iam se revelando bem maiores do que se imaginava possível. A bolsa de valores foi se tornando o centro desse movimento, primeiro através do espantoso crescimento do valor de mercado das companhias abertas (aquelas que têm ações listadas e negociadas em bolsa), que vai de cerca de 200 bilhões de dólares em média nos últimos anos do século XX para 1,5 trilhão de dólares em 2010, quando a Petrobras fez a sua famosa operação de aumento de capital em Nova York. Eram números impressionantes de criação de riqueza.

Em um segundo momento, foi espetacular o aumento do número de pessoas físicas fazendo investimentos em ações e em títulos do governo através do chamado Tesouro Direto, um programa criado em 2002 pelo qual pessoas físicas podiam comprar e vender títulos do Tesouro Nacional em pequenos valores (30 reais!), mas com o intermédio de uma corretora. Em um relatório de 2021, a B3 (a "bolsa" onde tudo isso acontece) reportou cerca de 5 milhões de CPFs com investimentos em ações, boa parte com investimentos também no Tesouro Direto, em fundos imobiliários, ETFs (o acrônimo consagrado, em inglês, para fundos de investimentos listados) e BDRs (*Brazilian Depositary Receipts*, recibos de depósito de ações do exterior).

A palavra frequentemente utilizada para descrever esses movimentos é "aprofundamento" do mercado financeiro (*financial deepening*, em inglês, conforme se encontra na literatura especializada). Mais gente, mais interesse, mais volume e mais investimento, para o mesmo nível de atividade econômica, ou de PIB. Em boa medida, tudo isso ocorre em razão da queda nos juros. Essa é a explicação curta, para a maior parte dos observadores. Muitos especialistas falam sobre esses assuntos com o auxílio dos slides mais elaborados do mundo; são os consultores mais bem pagos que existem.

Deixe-me aproveitar a oportunidade para uma prosa sobre consultorias.

Pense que um consultor é uma espécie de professor particular de alto impacto, num assunto que envolve muito dinheiro, e que consiste, na essência, em organizar aulas com efeitos especiais. Vamos tomar como exemplo o fenômeno do aprofundamento do sistema financeiro anteriormente descrito. Queria lhe mostrar como seria o tratamento desse assunto em sala de aula, para ver como você se sente. Veja se você tem jeito para a coisa, seja para a aula em si ou para os "efeitos especiais". Não é tão complicado.

É sempre bom começar – como em toda boa aula – com um apelo à intuição, e uma pequena provocação, mais ou menos assim:

– Não é preciso estudar matemática financeira para entender que *dinheiro na mão* é melhor que o mesmo dinheiro no futuro. Não é?

Pois tudo se passa como se o dinheiro no futuro fosse "descontado" relativamente a seu valor no presente, sendo fácil ver que esse desconto tem a ver com a *taxa de juros*, que é como você transforma o dinheiro na mão em dinheiro no futuro.

Outra maneira de dizer a mesma coisa é estabelecer claramente que é *preferível* ter o dinheiro hoje. Assim sendo, para que você fique indiferente entre dinheiro hoje e dinheiro amanhã, o de amanhã tem que ser maior. Você precisa ser remunerado pela espera, ou pagar para antecipar o dinheiro que só estaria disponível amanhã.

Simples, não?

Com isso você começa a entender o que é taxa de juros e o que ela representa, vale dizer, o que dá pistas sobre as escolhas intertemporais das pessoas.

Bem, não sei se é tão simples, sobretudo para quem nunca ouviu falar desses assuntos. Por isso, vamos ao quadro-negro.

Pegue uma folha de papel em branco, tanto faz o tamanho, ponha de lado e escreva "hoje" do lado direito, no canto, e escreva "amanhã" do outro lado do papel, deliberadamente longe. Em sala de aula, o professor deve fazer um teatrinho com essa distância. Na PUC-Rio, o quadro pode cobrir uns 5 metros de parede, de tal sorte que o professor pode contar uns bons 10 passos entre "hoje" e "amanhã", dramatizando a distância. Bem, agora escreva "R$ 196,00" entre parênteses embaixo de "amanhã", e bem no meio da folha, em letras garrafais, escreva "10 anos a 7% ao ano". Essa é a hora em que, depois de uma pausa, na qual os alunos já perceberam do que se trata, o professor pergunta para a turma: o que vocês preferem: 196 reais em 10 anos ou 100 hoje?

Sim, você está entrando no fascinante mundo das finanças comportamentais, de onde já saíram dois Prêmios Nobel, Daniel Kahneman, psicólogo de profissão, em 2002, e Richard Thaler em 2017. Muitos mistérios podem se seguir dessa pequena introdução, há várias maneiras de continuar o exercício a partir desse ponto. Não pretendo lhe dar mais que um pequeno *spoiler*, pelo caminho mais simples, o de aferir a reação do grupo quando o professor argumenta que eles deveriam ser *indiferentes* entre 100 reais hoje e 196 em 10 anos, *por que os juros foram fixados em 7% ao ano*.

A mágica se completa quando o professor emprega uma linguagem mais empolada e afirma que os juros representam os "termos de troca entre o presente e o futuro". Ou, se você preferir, "o custo da espera", ou ainda "o valor do amanhã", que é, aliás, o título de um livro encantador de Eduardo Giannetti exatamente sobre esse assunto. Em geral, os alunos adoram quando percebem que há um tanto de literatura, ou de licença poética, no cálculo econômico, ou que as equações e raciocínios matemáticos permitem interpretações que vão bem longe da frieza dos números. É um momento transcendental na vida do economista, muitas vocações são descobertas nesse exato momento.

Em sala de aula, no entanto, tudo pode acontecer. O ofício de professor é de alto risco. Você acha que está conduzindo os alunos a uma experiência mágica e subitamente percebe que está falando com as paredes. Um deles pode levantar o dedo e dizer que não é nada disso, que o dinheiro na mão é muito melhor, mesmo que sejam só 50 reais, pois ele vai comprar bitcoins e ter muito mais do que 196 em 10 anos.

Mas, voltando ao ano 2000, essa digressão serve para uma tese bem mais simples: os juros são fundamentais para se estabelecer o preço dos ativos financeiros. É simples, qualquer que seja a natureza dos ativos de que estamos falando, títulos do governo ou ações de empresas estatais, tudo se reduz a fluxos de caixa no futuro. É tudo "dinheiro no futuro", que sempre pode ser transformado em dinheiro na mão através de um "desconto", maior ou menor conforme a taxa de juros que se usa para fazer a conta. E, no exemplo no quadro, os juros estão em 7%, portanto, 196 reais "trazidos a valor presente", ou "descontados a 7%", se tornam 100 reais hoje.

Se os juros caíssem para 2%, os 196 reais em 10 anos ficam muito mais caros, ou mais valiosos: passam a valer cerca de 160 reais hoje, do dia para a noite, em vez de 100. A redução nos juros *criou riqueza*, ou não? Se você tinha fluxos de caixa no futuro, ou seja, ativos de qualquer natureza, a redução nos juros criou riqueza para você.

Você pode enriquecer se há uma mudança nos termos de troca entre o presente e o futuro e se você estava *comprado* no futuro. O mesmo pode acontecer com os países. Vem daí uma boa justificativa para que os governos façam políticas fiscais responsáveis com o propósito de praticar juros mais baixos. Mas como os governos são muito ansiosos, como regra, e estão sempre se endividando além da conta, é difícil que reduzam os juros. O governo é o maior dos endividados, e, se permanece se endividando, imagine a influência que tem sobre o custo de se endividar.

Mas vamos voltar ao básico.

Se a sociedade, por qualquer motivo, altera sua preferência intertemporal, ou os termos de troca entre o presente e o futuro – é o que se diz que acontece quando o Banco Central muda a taxa de juros –, muda o valor das coisas que estão no futuro. Para ser mais exato, muda o valor presente dos fluxos de caixa que estão no futuro. Quando os juros caem, por exemplo, é como se o futuro ficasse mais próximo, de modo que parece melhor e *vale mais*. Sim, juros menores nos fazem mais ricos, portanto não deveria haver hesitações em trazê-los para baixo. Mas o problema costuma ser o governo, o maior dos devedores e o maior dos gastadores. Os governos sempre alegam que lidam com urgências, que não podem esperar, e, diante disso, estão permanentemente gastando um dinheiro que ainda não têm. Por isso estão sempre se endividando e piorando os termos de troca entre o presente e o futuro: ansiedade e gastança puxam os juros para cima, e os bancos centrais têm que viver com esse barulho (e assumir a culpa, ainda por cima).

Em resumo, os juros (altos) refletem a ansiedade do brasileiro (jovem), ou dos governos gastadores, permanentemente querendo antecipar um futuro que nem está certo de ser bom.

É por aqui que você deve entender a piada, reconhecidamente muito técnica, que se faz com o título do livro de Stefan Zweig *Brasil, país do futuro*. A piada é dizer que o Brasil é o país do futuro *que nunca chega*, e a discussão é sobre as razões que fazem os juros ficarem tão altos, se a maldade dos dirigentes do Banco Central ou a irresponsabilidade fiscal do governo. Você vai ter que formar sua opinião sobre esse tópico em algum momento de sua carreira.

Depois do Plano Real, e passadas as ansiedades com a estabilização, o que já deveria ter acontecido em 2000, era previsível que tivéssemos juros nominais de primeiro mundo. Íamos conhecer o país do futuro, finalmente, mas isso não ia ocorrer do dia para a noite. Claro que o tempo que ia levar faria toda a diferença do mundo, sobretudo se você for fazer uma aposta nessas transformações. Note que levou pouco mais de três anos para a inflação brasileira cair abaixo de 5% ao ano, começando em julho de 1994. Mas a taxa Selic, que é a taxa de juros básica da economia brasileira, só caiu abaixo de 5% ao ano em 2020, *26 anos depois da reforma monetária que criou o real*.

Você pode ter *insights* muito inteligentes sobre o futuro, mas precisa acertar também a velocidade das coisas, o que é muito difícil. Previsões precisam ter prazo de validade; lembre-se da imagem dos pardais de Hamlet, de que falamos numa carta anterior a propósito dos prognósticos sobre a desvalorização do real. Há uma fala famosa de Keynes sobre esse assunto: "O mercado pode permanecer irracional mais tempo do que você é capaz de se manter solvente." Nunca se esqueça disso.

10

Os economistas estão em crise?

Prezado(a),

Já falamos de tantos assuntos, mas é tanto o que falta falar que fico angustiado, ainda mais diante da impressão, provavelmente enganosa, de que você é jovem demais. Sei que é uma ilusão comum entre professores e que fica pior com o tempo. Lembro-me sempre de um episódio com um colega mais velho, tempos atrás. Voltávamos do almoço para a PUC e entrávamos pelos pilotis, famosos pelas meninas bonitas por todo canto, e ele deixou escapar, muito sério:

"Você não acha que elas estão entrando na faculdade cada vez mais novinhas?"

Bem, é nesse contexto, com a minha ansiedade maior que a sua, e antes que seja tarde, que eu queria deixar uma mensagem positiva sobre o futuro da profissão. Foram muitas as crises de 2008 para cá, no Brasil, com destaque para a da "Nova Matriz" e para aquela provocada pela pandemia de covid-19, todas elas trazendo ou reforçando, em maior ou menor grau, o sombrio diagnóstico de que a nossa profissão não é capaz de evitar essas crises recorrentes e de que nada fazemos de muito relevante para ajudar no desenvolvimento econômico do país, de modo geral, e tampouco para a erradicação da pobreza, em particular.

No começo da segunda década do século XXI, as coisas pareciam ainda piores: começava a se firmar um sentimento de frustração, ou de decepção, despertado pela pandemia, mas que já vinha de algum tempo. Perdemos um ano ou mais confinados em casa e, estranhamente, isso nos era familiar: temos perdido muito tempo, quando se trata de desenvolvimento econômico. O futuro parece que nunca chega, conforme discutimos em minha última carta, e vai ficando mais longe, não?

A expressão "década perdida" começou a ser usada nos anos 1980, você nem tinha crescido, ou mesmo nascido, quando os números para o crescimento e para a inflação entraram no terreno da calamidade. Podia parecer conjuntural, e decorrente da quebra do México em 1982, que nos mergulhou em uma terrível crise de balanço de pagamentos. Mas o fato é que nunca mais tivemos números de crescimento como os da época do chamado "milagre econômico", que foram parecidos com os que a China e outros países da Ásia têm exibido regularmente desde então. Não era milagre: é perfeitamente possível enriquecer, e a Ásia estava nos mostrando o caminho.

Mas o Brasil fez outras escolhas, em decorrência das quais, tempos depois, teríamos várias décadas perdidas em sequência, meio século, tempo demais para erros e hesitações no processo de desenvolvimento econômico, sobretudo para um país com tanta pobreza.

Alguma coisa parece seriamente fora do lugar no desenho do nosso desenvolvimento econômico, algo de natureza mais estrutural, que estaria a exigir o que normalmente designamos como "reformas". Não apenas evitar loucuras e irresponsabilidades, o que é parte do cotidiano de quem está tocando as políticas econômicas em Brasília, mas alguma coisa a mais, alterações nas regras do jogo econômico, da filosofia da política econômica, enfim, alguma coisa mais profunda.

Na verdade, essa percepção veio com o Plano Real e o reconhecimento de que *não vivíamos uma gripezinha, mas uma hiperinflação*, uma condição muito séria, uma doença que só não se diz que é terminal porque países não morrem. Mas podem perfeitamente fracassar.

Em 2012, Daron Acemoglu (há anos um favorito para o Nobel) e James A. Robinson publicaram um livro que rapidamente se tornou um clássico nesse assunto, lançado no Brasil como *Por que as nações fracassam*. Pois é, o assunto aqui é muito sério, e seria ainda mais grave se eu escondesse de você essa preocupação. O livro não é sobre o Brasil, mas se você não reconhecer nosso país nos episódios descritos é porque não estava prestando atenção.

Acemoglu e Robinson falam muito da Argentina, assunto delicado para nós, seja pelo afeto que dedicamos aos *hermanos*, seja pela semelhança conosco. Os argentinos terminaram o século XX mais pobres do que começaram, e olhe que eram mais ricos que a França no final do século XIX. A comparação habitual (deles) era com a Austrália. Como explicar tamanho fracasso?

Simon Kuznets, Nobel de Economia em 1971, especialista em desenvolvimento econômico, tinha uma ótima observação sobre o fenômeno: segundo ele, existem países desenvolvidos, subdesenvolvidos, o Japão e a Argentina. Era tão difícil explicar o sucesso japonês quanto o trajeto contrário feito pelos *hermanos*.

Você ainda vai se encantar com a Argentina, se é que ainda não se encantou. É nosso mais extraordinário contrafactual, e vice-versa.

Não obstante o que se passa com eles, temos um defeito de nascença que atrapalha o esforço de reforma, o de achar que nosso destino econômico glorioso está assegurado, o que quer que façamos. Não sei se ainda acredito nisso. Eu juro que eu tinha como certo, ao entrar na faculdade de Economia, no ano de 1975, que o Brasil seria um país rico 30 anos depois, quando eu estivesse para me aposentar.

Mas não foi o que se passou.

Vamos a uns números perturbadores, os economistas costumam ser bons para isso: em 1980, um ano depois da minha formatura como bacharel em Economia, a renda *per capita* do Brasil (um conceito que você deve ter aprendido com seu professor de geografia do ensino médio) equivalia a 15,5% da renda *per capita* dos Estados Unidos. A da China representava 1,5% e a da Coreia do Sul, 13,6%, ambas também em relação aos Estados Unidos. A Coreia do Sul era um dos chamados "tigres asiáticos", como se falava na época. Os outros "tigres" eram Taiwan (Formosa), Cingapura e Hong Kong. A China ainda estava muito comunista e muito estagnada nessa época; Cingapura e Hong Kong eram cidades-estado, difíceis de comparar com o Brasil; e Taiwan tinha uma geopolítica complexa e uma iminência de invasão que permaneceu viva todos esses anos, portanto a Coreia do Sul era quem concorria conosco diretamente, sobretudo nos debates internacionais sobre modelos de desenvolvimento econômico, pelo posto de economia emergente mais promissora. Eles buscavam o desenvolvimento mediante uma estratégia enfatizando as exportações, e nós, pela chamada "substituição de importações". Nós mirávamos no mercado interno, e eles, na globalização.

Adivinhe quem ganhou, passados 30 anos.

Em 2017, a *renda per capita* do Brasil não estava muito diferente de 1980, medida em relação à dos Estados Unidos: 16,5%. Mas a China tinha pulado para 14,8% (um progresso de cerca de 10 vezes) e a Coreia do Sul tinha chegado a 52,6%, partindo mais ou menos do mesmo estágio que o Brasil. Nós perdemos essa corrida – na verdade, perdemos a oportunidade de enriquecer –, mas não ficamos mais pobres. Tenho a impressão de que a minha geração fez o que pôde, andou uma boa parte do caminho, completou alguns preparativos dificílimos, mas ainda deixou muito por fazer. Nesse contexto, não queria encerrar esta conversa antes de opinar sobre uma pergunta muito crítica, e ainda mais difícil depois do que acabei de relatar: será que a nossa profissão fracassou? Será que ainda vamos ganhar alguma coisa depois de tomar um 7 a 1 em pleno Mineirão? Qual é mesmo a receita vencedora para o desenvolvimento econômico?

Essa pergunta foi muito comum, especialmente após a crise de 2008, a que mais se pareceu com a de 1929, ou com a "crise final" do capitalismo, que tantos prognosticam tantas vezes. Era uma crise bancária, a temida crise sistêmica – aquela que o Brasil soube evitar, conforme o relato do ex-presidente Lula, referindo-se ao Proer (Programa de Estímulo à Reestruturação e ao Fortalecimento do Sistema Financeiro Nacional), um programa de FHC que Lula e o PT sempre gostaram de desancar com todas as forças – que explodiu de forma inesperada numa indústria pesadamente regulada nos Estados Unidos, por pura atrapalhação de economistas reguladores e operadores malandros. A crise logo se tornou uma recessão global e por toda parte as pessoas se perguntavam se o capitalismo finalmente fracassara, ou se o capital financeiro tinha enlouquecido. Era uma crise transformacional, um extraordinário desafio para a profissão.

Mas o mundo não acabou.

Não vamos esquecer, para começar, que os ciclos econômicos, as bolhas e as crises existem desde sempre, com espantosa regularidade. A famosa *South Sea Bubble*, talvez o primeiro uso registrado da palavra com este sentido, é de 1720. O episódio especulativo com o mercado de tulipas na Holanda, um clássico nessa matéria, é de 1637!

A impressionante frequência – e diversidade – das crises econômicas deu origem a muitas teorias sobre o "ciclo econômico", a propósito dos quais quero lhe deixar algumas observações.

A primeira é não se iludir com explicações trigonométricas ou "leis de movimento" para tais fenômenos. A piada (de economista) mais famosa a esse respeito, cujo autor já não se consegue saber, de tanto que a repetem, é simples: os economistas previram 10 das últimas 5 recessões. É claro que existem muitos modelos de previsão – como nas centrais que monitoram tsunamis e terremotos –, mas a maior parte das crises mais interessantes, inclusive a de 2008, tem sido descrita como "cisnes negros" (*black swans*). A expressão foi popularizada por Nassim Taleb, com seu livro sobre o "altamente improvável", um tratado em torno de uma imagem poderosa: a ocorrência de algo muito raro, muito "fora da curva", demonstra que nunca sabemos o suficiente sobre as distribuições de probabilidades relevantes. Ou que as distribuições de *frequência* não dizem tudo sobre a distribuição de *probabilidades*. Você vai aprender mais sobre esse importante detalhe técnico quando fizer os cursos da sequência de estatística e econometria.

Taleb utiliza a imagem de um animal que ninguém achava que existisse, um cisne negro, para observar que a sua descoberta, na Nova Zelândia, mudou radicalmente nossas percepções sobre riscos associados à cor dos cisnes. É uma imagem poderosa: depois de milhares de observações ao longo de muitos anos, pelas quais a evidência empírica parecia indicar que só existiam cisnes brancos,[23] uma única observação foi suficiente para mudar tudo.

De toda maneira, a ocorrência periódica de bolhas e crises é um desafio permanente para a profissão, pois elas se repetem, mas *continuam imprevisíveis*. O que poderia haver de mais angustiante?

E se não podemos, senão muito precariamente, prever, será mesmo possível evitar, ou ao menos diminuir, as consequências adversas das crises, como fazemos com os furacões?

Para começar, é claro que a imprevisibilidade não quer dizer que a ciência esteja falhando. A má qualidade das previsões *não* implica que as leis da economia sejam sistematicamente desobedecidas ou que existam leis "alternativas" ou alguma "falta de lógica" intrínseca a esses eventos. As tempestades desafiam não as leis da física, mas a inteligência.

Foi com Keynes que chegou ao apogeu o sentimento de que podíamos *dominar* o ciclo econômico, pois ele racionalizou a vitória sobre a Grande Depressão em uma espécie de "teoria geral" para assuntos do gênero. Falamos disso em nossa primeira carta, faz parte da mitologia fundadora da profissão. Sim, é verdade que aprendemos muito sobre prevenção e tratamento, mas não há duas crises idênticas. Talvez seja uma ilusão pensar que podemos erradicar a doença. Talvez algumas delas, mas pode não ser mesmo possível controlar a natureza *a esse ponto*. E menos ainda a natureza humana, sobretudo em se tratando do coletivo.

Outra observação transcendental para os profissionais de economia é ter clareza de que o médico não é o culpado pela doença, ainda que sempre sejam vistos juntos, com frequência nos hospitais. É o que aparece nas fotos. Mas correlação não é causalidade, conforme você vai aprender a dizer em diferentes idiomas e contextos no decorrer do seu curso. Repita em voz alta, com a rima, para não esquecer: não se entregue à insanidade, correlação não é causalidade. Repita.

---

[23] Talvez o único cisne negro anterior seja ficcional, o do balé *Lago dos cisnes*, de Tchaikóvski, a gêmea má da princesa transformada em cisne.

Os economistas estão para as crises como os epidemiologistas estão para as epidemias. Muito pode ser feito para prevenir, e para tratar, depois que acontece. Mas sempre vai aparecer um patógeno novo. Não é culpa dos médicos, e é bom tê-los por perto quando aparecer.

Não obstante tudo isso, era difícil usar esses argumentos para a crise de 2008. Tratava-se de um colapso da regulação financeira e mesmo da atuação dos bancos centrais. Era como descobrir que seu médico tinha um diploma falsificado. Com tudo o que tínhamos progredido e aprendido sobre macroeconomia ao longo de tantos anos, não era para haver uma confusão daquela magnitude justo nos mercados supostamente mais eficientes e sofisticados, onde militam tantas inteligências invejáveis e tão bem remuneradas. O que poderia ter dado tão errado? Como é que nós, economistas, os especialistas em paradoxos e esquisitices, e com tantos anos de experiência e pesquisa, não vimos e não prevenimos esse furacão? No que mais estaríamos prestando atenção para termos deixado passar um elefante como aquele?

Tantos anos depois, ainda estamos digerindo o que ocorreu em 2008, sobretudo as inovações responsáveis pela resolução da crise. A mais importante delas ocorreu no Banco Central americano, o Federal Reserve Board (FED), e é conhecida pela hermética designação de afrouxamento quantitativo (*quantitative easing*, em inglês, ou pelo acrônimo QE). Muitos, eu entre eles, enxergam aí a sombra de Milton Friedman, pois a providência parecia ecoar o diagnóstico sobre a Grande Depressão no seu clássico *A Monetary History of the United States, 1867-1960* (coescrito por Anna J. Schwartz), originalmente publicado em 1963. A tese de Friedman e Schwartz era justamente a de que o FED *causou*, ou agravou seriamente, a Grande Depressão na medida em que não acomodou o pânico bancário deflagrado em 1929 nem elevou a liquidez para reduzir as consequências da crise bancária.

A presidência do FED em 2008 era ocupada por Ben Bernanke, autor de diversos artigos acadêmicos sobre a Grande Depressão e profundo conhecedor do texto de Friedman. No aniversário de 90 anos de Friedman, em 2002, em um evento na Universidade de Chicago, Bernanke, que já estava no FED, mas não como presidente, discursou em uma homenagem a Friedman e afirmou textual e significativamente: "Queria dizer a Milton e Anna, sobre a Grande Depressão, que vocês estavam certos. Fomos nós. Lamentamos. Mas graças a vocês, não vamos fazer de novo."[24] Era uma extraordinária coincidência: o homem que revisitava essa análise em 2002 ainda estava na presidência do FED seis anos depois quando um episódio muito semelhante se iniciava.

A resposta agressiva do FED ao desafio de 2008 ainda ecoava em 2020 quando a pandemia de covid-19 deflagrou um novo capítulo do ciclo econômico, mais um que absolutamente ninguém tinha previsto, parecendo atestar mais uma vez a inacreditável imprevisibilidade das crises econômicas.

Era comum se observar, na ocasião, que a parte mais conhecida e administrável da nova crise (para os economistas) era o que se conhecia como "a cartilha de 2008" (*2008 playbook*, em inglês). Uma diferença, contudo, é que não se tratava *apenas* de uma crise bancária sistêmica que era preciso desarmar com linhas de crédito para os grandes clientes dos bancos centrais, mas também fazer chegar os recursos dos programas oficiais de apoio a centenas de milhares de pessoas e empresas, pequenas e médias, todas confinadas e impedidas de trabalhar. Os bancos centrais não tinham experiência em trabalhar com esse foco no "varejo", pois sempre atuaram "no atacado", como "o banco dos bancos".

Mas, fora da cartilha, tudo era absolutamente novo nos assuntos de saúde pública e epidemiologia, e sobre o modo como a pandemia interagia com a economia. O último episódio semelhante foi a epidemia da gripe espanhola em 1918. Os economistas tiveram que estudar muito depressa esses assuntos, para poder contribuir nos comitês governamentais de assessoramento, nos quais os mais espertos em métodos quantitativos foram rapidamente aproveitados. A magnitude do desafio

---

[24] O capítulo de Friedman e Schwartz sobre a Grande Depressão foi republicado separadamente, como livro, em 2007, com o título *The Great Contraction, 1929-1933*, pela NBER & Princeton University Press. A edição traz também o discurso de Bernanke.

era sem precedentes. O economista Thomas Conti, um dos mais ativos no acompanhamento da pandemia e um dos autores de um importante manifesto de economistas em março de 2021, na marca de um ano de pandemia, foi dos primeiros a observar que a pandemia de covid-19 era o mais próximo que o Brasil tinha estado de um esforço nacional prolongado de guerra.

Não tínhamos diante de nós um problema de demanda efetiva, que pudesse ser resolvido simplesmente com mais gasto público. Muitos economistas brasileiros não sabem prescrever outra receita. Dessa vez, contudo, era algo diferente e muito mais difícil. É curioso que o próprio Keynes tinha estado diante de problema semelhante, no limiar da entrada da Grã-Bretanha na Segunda Guerra Mundial, quando foi chamado a opinar sobre o financiamento do conflito. Em 1940 ele publicou um livro com vários dos textos que escreveu a respeito, com o título *How to Pay for the War* (Como pagar a guerra, em tradução literal). Sua grande preocupação era evitar a inflação ou o endividamento descontrolado, era o que podia fazer para ajudar, e não era pouco. Entretanto, sua solução criativa, a "poupança forçada", era o que hoje conhecemos por aqui como confisco. As autoridades ignoraram esse conselho, e fizeram bem. Nem Keynes acertou todas, lembre-se disso.

Em 2020, em toda parte, observou-se o mesmo debate sobre o tamanho do "espaço fiscal", isto é, sobre o quanto era possível elevar os gastos públicos para fazer frente aos desafios da pandemia, sem que isso trouxesse uma bola de neve de endividamento e o colapso das finanças públicas.

É claro que tinha que haver aumento de despesa, é o que se faz diante de riscos existenciais, como uma guerra ou uma epidemia. Mas os países tinham diferentes possibilidades diante de si, cada qual precisaria enfrentar suas limitações. Cada um tinha sua própria experiência e o seu "espaço fiscal" para acomodar mais endividamento. Qual era o tamanho exato do aumento de dívida pública que podia ser feito no Brasil sem atirar o país num precipício de descontrole fiscal, ou mesmo trazer de volta a hiperinflação?

Essa era a questão.

O déficit (primário) nas contas do governo foi de 1,2% do PIB em 2019 a impressionantes 10% do PIB em 2020, refletindo o aumento de despesas com a crise, mas em 2021 voltou a 0,4% do PIB. A dívida pública subiu de patamar, mas não explodiu. Vou lhe poupar dos detalhes contábeis envolvidos nesses números, que serão revistos e revisitados muitas vezes nos próximos anos, mas de antemão aviso que você não vai escapar de aprender sobre contabilidade pública logo no começo de seu curso. Lembre-se que o assunto já derrubou um(a) presidente(a).

O ponto importante a ter em mente é que o trajeto das contas fiscais durante a pandemia foi muito tenso. Todos os fantasmas relacionados às nossas mazelas fiscais saíram da toca para nos assombrar. Os assuntos fiscais não estavam mesmo muito assentados.

A vigência de um "teto" para os gastos públicos, conforme estabelecido através de emenda constitucional (EC nº 95, de 2016), trazia imensa rigidez à política fiscal, além de inúmeras controvérsias. Era, sem dúvida, a contrapartida de nosso histórico de indisciplina, e foi o que deu para fazer depois das confusões deixadas por Dilma Rousseff. Sempre se soube que era uma solução imperfeita e temporária para o problema fiscal brasileiro. Mas funcionou.

O atraso nas reformas e a pandemia anteciparam o momento de rediscussão do teto de gastos e sua substituição por uma dinâmica orçamentária mais adulta. Fizemos três emendas constitucionais durante a pandemia para definir a política fiscal, todas de trâmite muito difícil, pois tudo era politicamente delicado.

Na ausência da regra do teto, era preciso configurar e organizar melhor o orçamento público como ferramenta central da política fiscal e mesmo da intervenção do Estado na economia. Entendido como um processo (legislativo) que leva ao gasto público e define a tributação, o orçamento é o coração da democracia. É o *locus* das decisões da sociedade sobre suas prioridades de gasto. Na verdade, pensando bem, acho que é mais o estômago, ou o fígado da democracia. É onde desejos e possibilidades se encontram, e onde os representantes eleitos da sociedade decidem sobre a diferença: a "dívida pública" é como chamamos o excesso de sonhos sobre as possibilidades do presente. O orçamento é onde se fabricam as linguiças, de que falava o chanceler alemão Otto von Bismarck a propósito do Legislativo.[25]

Democracias adultas possuem processos orçamentários amadurecidos, nos quais os senhores parlamentares e seus respectivos partidos discutem prioridades nacionais, expressas em gastos e impostos, e competem por recursos escassos de forma transparente.

Nas democracias adolescentes, os políticos não competem por recursos escassos, pois preferem colaborar para negar a existência de escassez de recursos fiscais e se queixar da área econômica, que estaria sempre escondendo o dinheiro. É o nosso negacionismo fiscal, doença tropical em crônica mutação, driblando vários tipos de tratamento.

Estamos nessa segunda categoria, mas tenho certeza de que nas próximas décadas vamos ter que reconstruir com muita cautela as nossas instituições da política fiscal, vale dizer, a nossa dinâmica orçamentária. Não é um problema ideológico com as diferentes prioridades, ou com a ênfase na área social relativamente a outros assuntos, mas um problema de aperfeiçoamento institucional, sobre como tomamos as decisões em relação às prioridades, e sobre como evitar a irresponsabilidade. Não é questão de tática, mas das regras do jogo.

Vamos deixar bem claro: a adoção do conceito de responsabilidade (ou sustentabilidade) fiscal – da qual o "teto de gastos" é apenas uma expressão prática – não prejudica as políticas sociais, inclusive as de combate à pobreza. Muito pelo contrário. A estabilização de 1994 serviu para mostrar que a suposta incompatibilidade entre estabilidade econômica e justiça social era uma tolice completa, especialmente em vista do fato que a inflação criava, ou agravava seriamente, os problemas que as políticas sociais tencionavam resolver.

Hoje se sabe, inclusive por conta da experiência do Plano Real, que a inflação é um criadouro especialmente fértil para a pobreza e a desi-

---

[25] Há muitas versões da frase, uma delas é: "Dorme-se melhor quando não se sabe como se fazem linguiças e política." G. H. B. Franco & F. Giambiagi (orgs.), *Antologia da maldade* (Zahar, 2015, v. 1, p. 43).

gualdade. Os programas sociais podem conviver perfeitamente com a responsabilidade fiscal e com a estabilidade monetária, valores que já aprendemos que devemos preservar. Já deveria estar bem estabelecido que a irresponsabilidade fiscal, na medida em que produz inflação e juros altos, não traz benefício aos pobres, tampouco melhoria na distribuição da renda, direta ou indiretamente. Já deveríamos ter claro que a pregação inflacionista é um embuste.

À luz da experiência da hiperinflação e de seu combate – e a luz aqui é muito forte –, a primeira providência para proteger os pobres, quando se trata de finanças públicas, é muito simples: evitar a inflação e cuidar da responsabilidade fiscal.[26] Foi o que Keynes, em pessoa, observou em 1940 sobre a Grã-Bretanha, prestes a entrar na guerra. Já bastava enfrentar os nazistas: imagine, ainda por cima, o governo fazer as pessoas também lutarem contra a inflação dentro de casa.

A lição era parecida para nós, e muito simples: pandemia com inflação era uma desgraça pior ainda.

A pandemia trouxe um debate da maior importância sobre ciência e sobre conhecimento especializado. Aprendemos que há psicopatas e negacionistas em quantidades surpreendentes mesmo em temas médicos, como se observou no tanto que discutimos sobre vacinas. Em sua maioria, todavia, a sociedade se alinhou aos doutores, aos que estudaram o assunto e têm ali a sua especialização profissional. Espero sinceramente que o mesmo se passe com os temas da economia. O charlatanismo e a pseudociência, bem como as *fake news*, *fake theories*, *fake experts*, estão em toda parte no debate econômico, até mais acintosos que na área médica.

Ultrapassada a pandemia, é interessante especular sobre o status da medicina alternativa em economia, um problema crônico. É possível que a imprensa pare de "ouvir o outro lado" quando se trata de temas de ciência, pois esse outro lado é o curandeirismo. Seria uma boa providência, que eu espero que seja adotada para os temas de eco-

---

[26] Gustavo H. B. Franco, *Lições amargas: Uma história provisória da atualidade*. Rio de Janeiro: História Real, 2021, pp. 125-6.

nomia, nos quais há muitos curandeiros, *antivax* e Ph.D.s formados em redes sociais.

Espero que você esteja conosco nesses debates do futuro. Há muito para consertar. Daqui para os próximos anos as pessoas vão estar particularmente interessadas em saber o que exatamente deu errado, para que isso não se repita. Essa é uma responsabilidade nossa, temos que estar equipados para a tarefa e fazer um bom trabalho.

11

Unicórnios e o futuro do dinheiro

Prezado(a),

Precisamos falar sobre o futuro.

Com a minha vasta experiência de regulador, de historiador e de combatente contra a inflação, acho que teria uns dois tostões de prosa sobre o futuro do dinheiro, já que sabemos que o passado do dinheiro tem muito que ensinar sobre o seu futuro. Muito mais do que você pensa, na verdade, pois a humanidade vem experimentando e inovando em matéria monetária há séculos e séculos, muitos velhos truques são reinventados o tempo inteiro, em diferentes lugares, com designações variadas.

Mas a perplexidade não é menor quando os enredos se repetem, como veremos a seguir.

É claro que a tecnologia expande imensamente as possibilidades, é o que se ouve sobretudo do público jovem, mais escolado nas últimas novidades e acostumado desde cedo a interagir com telas e aplicativos. Sim, mas é preciso cautela, de um lado, com a tese, mais popular do que as pessoas gostam de admitir, de que tudo o que veio antes deixou de ter importância, e, de outro, com o tempo desperdiçado em redescobrir coisas já sabidas, com uma fanfarra às vezes meio desproporcional.

O pessoal mais novo não sabe como é ocioso, às vezes meio ridículo, quando, por exemplo, alguém se põe a explicar o que é uma *stablecoin* para gente que aprendeu um milhão de truques de correção monetária e cambial, trabalhou sob hiperinflação e na vigência da "cláusula-ouro", definida no nosso Código Civil de 1916, e driblou todos os impedimentos da nossa copiosa regulamentação cambial. Ou quando alguém que nunca ouviu falar em securitização vem lhe ensinar o que é a tokenização ou um NFT (sigla em inglês para *non-fungible token*). Ou quando você ouve uma defesa libertária do bitcoin de quem não conhece bem o conceito de caixa dois e não sabe o que significa KYC.

Claro que é meio ilusória a sensação de que os temas são conhecidos. Os grandes enredos são continuamente reencenados e é sempre uma descoberta para as novas audiências e seus novos contextos. O passado lhe dá boas indicações, mas nada mais do que isso.

As inúmeras novidades recentes se parecem mais com os "modernismos" no terreno artístico, que vão se acumulando, futuros que não foram, ambicionando superar todos os outros, mas que, ao final, a eles se somam, e se tornam nada mais que diferentes ângulos para uma mesma ideia, muito boa mas já não totalmente nova.

Sim, uma moeda é, entre outras coisas, sempre a *representação* de alguma outra coisa, às vezes mesmo de coisa nenhuma – essa foi a grande transformação trazida pela disseminação da moeda fiduciária, conceito que será explicado adiante e que vem de longe, desde quando o que estava inscrito nas moedas deixou de corresponder ao que elas continham.

Foi o que se passou com a arte, mais para o final do século XIX, quando se tornou dominante a abstração ou o descompromisso com a ideia de retratar as coisas *fielmente*. Eram tantas as possibilidades, uma vez que não era mais necessário o "lastro da realidade", que a experimentação se dividiu em incontáveis escolas e estilos, os "ismos" da arte de vanguarda. Para a realidade, e seus problemas tão difíceis, tinha-se a fotografia; a arte passava a ser sensação.

A moeda fiduciária representacional – também conhecida como "papel-moeda" – se firmou então como fórmula predominante de organização monetária neste planeta, depois de muito tempo no submundo dos gurus incompreendidos, na companhia de visionários e trambiqueiros, e seus fenômenos financeiros inexplicáveis, coisa da feitiçaria e do paranormal. Isso se passa na mesma época, ou na mesma revolução cultural, que compreendeu a psicanálise, a relatividade, a arte moderna e James Joyce. Há um triunfo do conceitual sobre o material, ou da inscrição sobre a substância.

Um quadro vale mil palavras, não?

Veja um de René Magritte (Figura 6), surrealista, movimento artístico que posteriormente virou um adjetivo para designar qualquer coisa muito fora da curva. É um simples cachimbo, bem grande, mas acompanhado de uma inscrição que nega o que você está vendo.

Mas não pense em Sigmund Freud e seus famosos charutos. Pense na moeda fiduciária, ou no dinheiro, tal como existe na forma de cédulas de papel pintado. Foque na ideia de um objeto que contém uma inscrição, um texto ou um número, que nega o que você está vendo.

Nessa linha, ainda mais instigantes são as cédulas de zero, como as que foram feitas pelo artista Cildo Meireles em meados dos anos 1970, em sua série Zero Cruzeiro (Figura 8).

São litografias impressas dos dois lados, tal como cédulas verdadeiras, inclusive no tamanho, mas nas quais o artista não designou o número de impressões, nem as individualizou, como é de praxe para gravuras, propositalmente, a fim de criar tensão sobre a sua real escassez e, portanto, seu "valor de troca". Mais ou menos como o algoritmo do bitcoin, não?

Pois então, era como se Cildo Meireles estivesse fazendo uma espécie de ICO (*initial currency offering*, sigla criada para apontar a similaridade entre as ofertas de novas criptomoedas e as IPOs, ofertas de ações) e coletando "senhoriagem" (nome dado pelos economistas às receitas que o governo deriva de seu poder de emitir dinheiro e que

Figura 6: René Magritte, *A traição das imagens*, 1920. Imagem: Fine Art Images / Album / Fotoarena.

Figura 7: cédula de 1 cruzeiro.

O texto em francês (*Ceci n'est pas une pipe*) do quadro de Magritte quer dizer "Isto não é um cachimbo". As coisas não são o que parecem, tampouco o que deveriam ser, e o dinheiro é uma dessas criaturas da era moderna que representam outra coisa. As promessas de pagamento que costumavam frequentar as nossas cédulas ("Se pagará ao portador desta a quantia de 1 cruzeiro"), como a que está escrita na cédula do almirante Tamandaré, de 1942, foram progressivamente abandonadas.

são dadas pela diferença entre o valor de troca do papel-moeda e seu custo de produção).[27]

Seria Meireles um precursor do bitcoin?

O fato é que a inscrição no dinheiro de Cildo Meireles parece mais fiel e exata que a de Magritte e a do Tesouro Nacional na cédula do almirante Tamandaré. Não há valor intrínseco na moeda fiduciária, apenas valor de troca.

Meireles certa vez experimentou *distribuir* suas notas entre camelôs no Centro do Rio de Janeiro, em 1978, uma performance em que estava correndo riscos sérios, que parecia não perceber. Segundo relatos, os camelôs *venderam* as notas de Meireles, ou seja, não as repassaram como dinheiro, o que traria sérias implicações para todos. A denominação "zero" certamente confundiu os participantes do experimento, muitos dos quais, inclusive, desabafaram diante do objeto com observações como "Esse [nosso] dinheiro não vale nada mesmo".

Menos sorte teve o artista japonês Genpei Akasegawa (1937-2014), que fez parecido em meados dos anos 1960 com cédulas de zero iene, mas em tamanho bem maior do que as verdadeiras, e impressas em apenas um lado. Era só uma propaganda da exposição. Mesmo assim, o artista foi preso e processado por falsificação, ou imitação de dinheiro, com base em arcanas leis japonesas. Depois de ter sua condenação confirmada em duas apelações, o artista fez uma paródia da cédula de 500 ienes (Figura 9), impressa em frente e verso.

Anos mais tarde, o Banco Central Europeu concordou em monitorar algumas gráficas que imprimiram "cédulas souvenir" de "zero euro", geralmente associadas ao turismo, como se faz, por exemplo, com as moedas comemorativas, produzidas em tiragens limitadas em ocasiões festivas. Muito popular entre essas foi o "zero euro" de Tréveris, cidade natal de Karl Marx, cuja imagem aparece na cédula.

Enquanto isso, no mundo financeiro, circulavam papéis com as mais variadas inscrições, promessas vazias, praticamente todas desligadas de

---

[27] *Mutatis mutandi* seria o nome que os artistas poderiam dar ao valor de seu autógrafo, fora de uma obra de arte.

Figura 8: *Zero cruzeiro*, 1978, de Cildo Meireles. Litografia offset sobre papel, 26,4 x 30,7 x 4 cm. Coleção MAM-SP, doação do artista, 2008. *Imagem: Marcelo Arruda.*

Figura 9: *Zero iene*, de Genpei Akasegawa. *Imagem:* ©2022. *MoMa, Nova York / Scala, Florença.*

Meireles trabalhou com o projeto gráfico da família de cédulas do cruzeiro de 1970, desenhada por Aloisio Magalhães, mas assinando seu próprio nome onde consta a assinatura da autoridade emissora e introduzindo a denominação "zero". Meireles trabalha com fenômeno popular: são muitas as trocas de moeda determinadas pela conspícua presença da inflação no Brasil.

O zero iene é produzido em outro contexto. Em 1963 e 1964, Genpei Akasegawa (1937--2014) imprimiu réplicas em preto e branco de cédulas de 1.000 ienes, impressas em apenas um lado, para performances nas quais queimava o material. O artista foi preso em 1965, baseado numa velha lei da Era Meiji que criminalizava as imitações do dinheiro oficial.

Em 1967, em protesto, Akasegawa imprimiu o trabalho acima, depois de perder duas apelações na Suprema Corte japonesa. É uma paródia da cédula de 500 ienes, com diversos aspectos da verdadeira, incluindo o retrato de Iwakura Tomomi (1825-1883) apenas com o seu rosto corrompido por ácido. No verso, imprimiu as efígies de Johannes Gutenberg, a fim de representar a liberdade de imprensa.

qualquer ideia de lastro na realidade ou no respectivo instituto emissor. A mais comum é algo como "Promete-se pagar ao portador desta a quantia de...". O dinheiro brasileiro trazia esse dístico até a década de 1940 – como é possível ver na cédula do almirante Tamandaré, na Figura 7 –, quando foi substituído por "valor legal", por sua vez também suprimido posteriormente, e, em 1986, substituído por "Deus seja louvado".

Pois é. Com a abolição da conexão entre as moedas nacionais e os metais preciosos (sistema que se designava como "padrão-ouro"), os tesouros nacionais (ainda não existiam os bancos centrais como hoje os conhecemos) deixaram de ter obrigações referentes ao valor (poder de compra ou valor de troca) do dinheiro.

Na vigência do padrão-ouro, o dinheiro era um pedaço de papel conversível em certa quantidade de ouro, regime monetário bastante intuitivo, mas totalmente impraticável. O mundo cresceu muito relativamente à quantidade de ouro que a natureza escondeu debaixo da terra. Com o ouro cada vez mais raro e caro, as deflações ficaram incontroláveis, bem como as crises, e o sistema teve que ser abandonado. As pessoas deveriam estudar esse processo, que durou muitas décadas para se completar, a fim de melhor compreender o que está se passando com as criptomoedas.

O fato é que os países começaram a "suspender" a conversibilidade do dinheiro em ouro – geralmente após a crise de 1929, mas variando conforme o país – e em seguida a adotar o papel-moeda como um novo padrão, ou como um novo "não padrão", e o dinheiro deixou de ser uma coisa intuitiva e fácil. A promessa de pagamento passou a ser a coisa em si, o próprio instrumento, e se você está confuso a respeito dessa redundância sobre a natureza do dinheiro é porque está começando a se encantar com os mistérios da economia. A seguir cenas.

Esse momento (da descoberta e adoção do papel-moeda) é marcante na história do dinheiro, pois é quando passa a ser uma "representação", desligada da substância. Para muitos isso era uma espécie de fraude, ou de calote, e poucos entenderam a profundidade dessa "inovação". Sobre esse assunto, veja o que diz Mister Slang, o rubicundo inglês da Tijuca, personagem e *alter ego* de Monteiro Lobato: "O papel-moeda não é moeda papel, como procurador sem procuração não é procurador. Papel-moeda quer dizer uma ladroeira que certos governos inventaram pelo simples fato de que não há cadeia para os governos."

Goste-se ou não, o fato é que a partir daí o dinheiro passou a ser bem claramente "uma criatura da lei", o filho de uma nação, de um Congresso com o poder de obrigar seus súditos a obedecer ao que está escrito, ou seja, um assunto do governo.

Entretanto logo se verificou que as leis não poderiam determinar coisa alguma sobre o *valor de troca* desses pedaços de papel, pois o truque essencial, e pilar de toda a nova construção, era uma fórmula mais básica: a obrigatoriedade de as pessoas aceitarem como pagamento aqueles papéis sem especificação do valor de troca.

O mundo nunca mais foi o mesmo.

Por todas essas razões, o dinheiro é assunto fortemente regulado, basta pensar nas inúmeras alegorias em torno dos "poderes demoníacos" ou da "alquimia" da moeda fiduciária.[28] Poderes desse tamanho não devem ficar livres de limitações e cuidados. A governança da moeda está sendo debatida sem parar desde então, e ainda não temos a coisa assentada. E não se trata apenas dos sistemas e regras da chamada política monetária, mas de quem manda (regula) e como manda (regula) nas coisas monetárias (bancos, pagamentos, valores mobiliários, etc.).

Segue-se que não é possível pensar no futuro do dinheiro no Brasil, em particular, sem considerar muito frontalmente o que se passa no espaço de regulação da moeda. A moeda nacional é um instrumento que as pessoas são obrigadas a aceitar, por força de uma lei. A linguagem jurídica designa essa propriedade como "curso legal", às vezes empregada como sinônimo de "curso forçado", e seu significado é muito claro: a obrigatoriedade de aceitar a moeda em pagamento, ou a liberação de obrigações pecuniárias definidas em dinheiro, o que correspondente-

---

[28] Veja-se, a propósito de Goethe, H. C. Binswanger, *Dinheiro e magia: Uma crítica da economia moderna à luz do* Fausto *de Goethe* (Zahar, 2010), e Mervyn King, *The End of Alchemy: Money, Banking, and the Future of the Global Economy* (W. W. Norton, 2016).

mente se designa como "poder liberatório".²⁹ Lembre-se, portanto, que a moeda não se define apenas pela conveniência ou pelo uso, ou mesmo pelas funções, mas pela lei nacional, que estabelece a obrigatoriedade de se aceitá-la mesmo sem dizer nada sobre o seu valor (poder de compra).

Esse é daqueles temas simples que são, na verdade, muito complicados e já geraram muita celeuma entre advogados e economistas, especialmente quando há inflação (ou perdas relevantes no poder de compra da moeda) e muito especialmente por ocasião de "planos econômicos" que mudam o padrão monetário. O interesse nesses temas se renovou com as criptomoedas, e as dúvidas sobre o significado exato dessa linguagem apenas se ampliaram. Uma coisa me parece clara, e queria já lhe deixar esta dica: você vai entender melhor o fenômeno das criptomoedas se estudar sobre moedas. Meio óbvio, não? O fato é que há muita sabedoria acumulada sobre o assunto, como você pode imaginar. Não subestime as lições de vários séculos de experiência monetária, inclusive porque elas não estão lá muito bem organizadas nos buscadores da internet.

Bem, uma última escala antes de tratar de criptomoedas é no tema da regulação da moeda, pois é preciso lhe falar um pouco sobre o modo criativo e inovador como uma lei brasileira abriu as fronteiras do sistema financeiro para as *fintechs*, criaturas de múltiplos formatos, valendo-se de uma fórmula muito engenhosa. Muitos dos unicórnios brasileiros, talvez mesmo todos, têm pouco ou nada que ver com criptomoedas. Deixe-me ver se lhe explico o que se passou.

Tudo começou com uma norma em 2001 que criou o SPB (Sistema de Pagamentos Brasileiro), assunto que parecia meio técnico e pertinente a coisas opacas como "câmaras de compensação". Mas em 2013 veio uma segunda lei que começou uma revolução. Foi a de número 12.865, que definiu e regulou a moeda eletrônica, e ficou famosa como "lei dos arranjos".

---

[29] Isso é linguajar de advogados, quer dizer que você fica livre de uma obrigação em dinheiro se apresenta ao credor a quantia correspondente; ele não pode se recusar a receber.

Tudo nela parece meio acidental, a começar pelo fato de que tem todo o aspecto de um jabuti. Não estou me referindo a uma tartaruga; é uma gíria legislativa de Brasília para temas que aparecem onde não devem. Uma sabedoria muito popular em nossa capital reza que "jabuti não sobe em árvore", do que segue que, se há um jabuti pendurado ou encaixado nos galhos de uma árvore, alguém teve o trabalho de colocá-lo ali, por alguma razão, trate de entender. A única certeza é que ele não foi parar lá por inciativa própria.

A "lei dos arranjos" cuidava de inúmeros assuntos não relacionados, tudo misturado, sinal de que quem a organizou desse jeito não estava percebendo do que se tratava, ou foi meio acidental mesmo. Dos 43 artigos, 10 deles – do 6 ao 15 – abordam o assunto de "arranjos de pagamento e instituições de pagamento integrantes do Sistema de Pagamentos Brasileiro", e o resto versa sobre cana-de-açúcar, etanol, Conta de Desenvolvimento Energético (CDE), Fundo Constitucional de Financiamento do Nordeste (FNE), recursos para atendimento da mulher em situação de violência, quiosque, trailer, feira e banca de venda de jornais, entre outros assuntos sem nenhuma conexão entre si. Fantástico que seja nesse varejo totalmente aleatório que surja uma inovação importante no terreno da economia digital. Resumo da ópera: a lei dos arranjos é tudo de bom, mas foi meio sem querer.

A ideia central era ótima: a segregação de um "sistema de pagamentos" dentro do sistema bancário, como se fosse possível separar o papel dos bancos para o cotidiano de nossos pagamentos (e recebimentos) do restante de suas funções (receber depósitos, emprestar dinheiro e administrar investimentos, por exemplo). Seria, talvez, como separar os eletrodomésticos do fornecimento de energia. No mundo financeiro, tudo se passa como se os aparelhos elétricos fossem todos da mesma marca da empresa que fornece energia, o que não parece muito certo do ponto de vista da concorrência e do direito do consumidor.

Em um segundo momento, e de modos que o tempo ainda viria a revelar por inteiro, esse novo sistema de pagamentos ia permitir formas muito variadas de competição com o sistema bancário. Esse era o propósito. Não há dúvida de que quem pensou nisso passou muito tempo mofando na fila do banco. Ouvi algo muito parecido de David Vélez, o colombiano que fundou o Nubank, sobre suas primeiras experiências como cliente de bancos de varejo no Brasil. Faz sentido pensar que os unicórnios começam sempre na fila do banco, não? Seria o perrengue o demiurgo da inovação?

Curiosamente, a lei e sua poderosa regulamentação foram empreendimentos conjuntos de reguladores que nunca se deram bem entre si: o da moeda, que é o BCB (Banco Central do Brasil), e o da concorrência, que é o Cade (Conselho Administrativo de Defesa Econômica). Foram muitos anos de hostilidades recíprocas, até as estrelas se alinharem e esses órgãos colaborarem com vistas a produzir mais competição para os bancos em benefício dos pobres consumidores largados nas filas ou obrigados a comprar produtos financeiros inferiores.

Não vamos entrar nos detalhes da lei, de suas definições engenhosas para arranjos de pagamentos e moeda eletrônica, entre muitos conceitos novos, pois é fácil se perder nos detalhes. Essa nova regulamentação do dinheiro se parecia com a discussão sobre o chamado marco civil da internet, que virou lei em 2014. Termos como "interoperabilidade" e "neutralidade", que surgiram no debate sobre a regulamentação da internet, passaram a ser importantes no sistema financeiro, uma novidade revolucionária, que consistia no reconhecimento implícito (no plano conceitual) de que o sistema financeiro tinha adquirido uma lógica de plataforma, ou de rede, como um gigantesco *marketplace*, e que a tecnologia havia aberto muitas possibilidades novas. Muitas adaptações precisavam ser feitas para essa nova realidade, e a lei dos arranjos foi como a criação de um "segundo andar" do sistema monetário, uma nova esfera de "quase bancos" (chamados de instituições de pagamento, ou, popularmente, de "neobancos" ou bancos digitais) que podiam concorrer diretamente com os bancos convencionais em uma infinidade de produtos e serviços. As lendárias "barreiras à entrada" dos concorrentes no sistema financeiro foram simplesmente desmontadas quando os celulares começaram a funcionar como agências e aplicativos simples começaram a fazer o que o *internet banking* parecia relutar ou gaguejar para fazer. Surgiram inúmeras *fintechs*, cada qual mirando em uma área específica de atividade, e quase todas enfatizando o que se designa como UX (a experiência do usuário, isto é, do cliente). Algumas dessas empresas se tornaram muito merecidamente "unicórnios" – empresas com valor de mercado superior a 1 bilhão, e não importa a moeda, 1 bilhão é muito dinheiro – e a competição no sistema financeiro começou a pegar fogo. O cliente deixou de ser o elo fraco dessa cadeia alimentar, isso foi um grande evento.

Os chamados incumbentes, vale dizer, os bancos estabelecidos, têm feito o seu melhor para absorver as novas possibilidades e se manter competitivos e lucrativos diante do desafio. Não é mais tão simples, e não tanto porque as *fintechs* estão ficando maiores, deixando de ser startups inofensivas, mas principalmente pelas transformações que precisam ser operadas nos próprios incumbentes. Os grandes bancos usam intensivamente ao menos um recurso muito caro, os imóveis (agências). Usam também muita gente, e sistemas meio antigos, muitos deles, uns sobre os outros, amontoados e acumulados ao longo de anos e anos de adaptações e gambiarras.

São desafios imensos, mas os incumbentes são organizações muito competentes e experientes. Eles terão respostas estratégicas importantes, basta esperar. Mas provavelmente serão respostas desiguais, pois o ajuste será ainda mais difícil nos bancos estatais, sempre os mais lentos. Muito se falou que o maior dos "neobancos", o Nubank, no seu IPO chegou a valer mais que o maior dos incumbentes. Depois de um ajuste significativo, todavia, no começo de 2022, o valor de mercado do Nubank era mais do que duas vezes o valor do Banco do Brasil, instituição pública centenária, como muitos gostam de dizer. Nessa data, o Banco do Brasil possuía 5 mil agências (18 mil postos de atendimento pelo Brasil), cerca de 90 mil funcionários e 74 milhões de clientes. O Nubank não tinha agências, tinha 3 mil funcionários e 41 milhões de clientes nesse momento.

Esse enredo vai se prolongar ainda por muitos anos, há muitos pratos no ar e nem começamos a falar das criptomoedas. Aperte os cintos.

Vamos aos meus dois dedos de prosa, ou mais, sobre o assunto das criptocriaturas.

O aspecto definidor e a característica mais proeminente das criptomoedas é um sistema de verificação e custódia *descentralizado*, conhecido como *blockchain*. Na verdade, os problemas começam exatamente aí, pois nesse regime não há custódia, nem corretores, nem bolsas, daí o uso crescente do acrônimo "de-fi", que se refere a finanças descentralizadas, numa tradução ao pé da letra.

O *blockchain* dispensa intermediários, que são exatamente os destinatários e executores da regulação financeira. Para tratar das criptomoedas como "uma nova classe de ativos" talvez seja necessária uma nova arquitetura, ou uma nova abordagem regulatória. Como fazer regulação se não há intermediários para servirem como objeto e veículo da regulação?

Muita gente acredita que as criptomoedas vão revolucionar estruturalmente a moeda de tal maneira que toda essa regulação que temos, espelhando muitos séculos de experiência acumulada, vai ficar obsoleta e vai ser atropelada e esquecida.

Passada a primeira década do aparecimento do bitcoin, e muitos solavancos, todavia, parece difícil que ele possa alcançar utilização generalizada *como meio de pagamento*, ou que se torne a nova moeda de um "país virtual", sem território. Os sonhos libertários parecem ter sido substituídos pela ideia de convergência e integração com o sistema financeiro *mainstream*.

É curioso e paradoxal que algumas empresas que às vezes são descritas como corretoras, outras vezes como bolsas, apesar de não serem nem uma coisa nem outra, tenham se tornado os primeiros unicórnios em listagens de bolsas de valores do mundo financeiro convencional. O bitcoin, como você já deve saber, não é cotado em nenhuma bolsa de valores regulada. Seu valor é dado na internet. Já os principais *corretores* de bitcoin, os intermediários do mundo "de-fi", já estão com meio corpo dentro do sistema financeiro *mainstream*, pois, se são listados em bolsa, ou companhias abertas, precisam atender a diversas obrigações e deveres referentes às suas atividades e suas demonstrações financeiras. Além disso, precisam lidar com públicos investidores que querem as proteções disponíveis para os outros produtos financeiros.

Talvez seja cedo para colocar de lado os sonhos libertários. Sabe-se que há muitas inconveniências com o valor unitário do bitcoin, com a complexidade da interface com o usuário, a volatilidade e a infraestrutura, para não falar do diálogo com o sistema financeiro convencional e seus reguladores. Mas as inovações continuam, a novela não terminou. Há uma imensa variedade de outras criptomoedas adaptando e melhorando cada detalhe da construção original, ou piorando, portanto não vou emitir nenhum prognóstico sobre as cripto. O chamado "inverno cripto", o derretimento de seus preços no primeiro semestre de 2022, pode servir para fortalecer a espécie, ou não.

Aconselho você a evitar posicionamentos a respeito desse assunto, pois tanto os entusiastas quanto os detratores das cripto podem ser muito dogmáticos. Alguns são intratáveis. É quase um movimento, ou ideologia, com tamanho engajamento e fidelidade que lembra o bolsonarismo.[30]

O fato é que a extraordinária capitalização de mercado do bitcoin oferece uma evidência incontornável da sua importância para o futuro da moeda, ainda que não se tenha uma ideia clara do que será. Falamos sobre "capitalização de mercado" numa carta anterior, a propósito do efeito de juros menores sobre o valor dos ativos, que nada mais são que fluxos de caixa no futuro. Note que esta é uma métrica normalmente usada para empresas e para ativos financeiros, e sinaliza o que se pensa sobre essas coisas no futuro.

Valuation, como você já sabe, é fluxo de caixa no tempo, trazido a valor presente. Isso não é diferente quando se trata de ativos digitais que desafiam classificações. Só é difícil vislumbrar como serão esses fluxos de caixa no futuro, que por ora se apresentam apenas sob a forma de uma teia atrativa e interessante de opções. Muitas das criptomoedas são empresas, cujas "moedas" se confundem com as suas "ações", pois ambas são parte do passivo não exigível desses empreendimentos.

De todo jeito, como não há fluxos de caixa futuros nas criptomoedas, é complexo explicar por que valem tanto.

---

[30] Uma das análises mais interessantes é a do sociólogo Nigel Dodd em "The Social Life of Bitcoin", London School of Economics, *Theory, Culture and Society,* 2017.

Deixe-me dar um exemplo, ainda que complexo. Infelizmente, não são todos os assuntos complicados que podem ser mapeados através de exemplos simples. Às vezes o exemplo simples complica mais ainda. Vale tentar.

O Banco Central do Brasil emite papel-moeda, que coloca em circulação de várias formas, mas, contabilmente, o processo funciona como se o BCB estivesse emitindo e vendendo um lote adicional de suas próprias ações, só que sem direito a voto nem dividendo. Como as pessoas são obrigadas a usar esses papéis para pagar suas contas, esse lançamento (emissão) de "moeda" (ou de "ações do BCB") nunca vai falhar por conta de falta de comprador. Funciona tal qual um lançamento de "ações" que as pessoas são meio que obrigadas a ter e a usar. No balanço patrimonial do BCB há uma conta no passivo não exigível denominada "meio circulante", que corresponde ao papel-moeda que circula na economia (a emissão de moeda), e outra conta, também no passivo não exigível, correspondente às ações do BCB, cujo titular é o Tesouro Nacional.

Pois é. É meio complicado, mas a conclusão é simples: os bancos centrais vêm fazendo ICOs (sigla em inglês para a oferta inicial de uma criptomoeda, como já vimos) há muitos anos. ICOs e IPOs (sigla em inglês para a oferta inicial da ação de uma companhia) são coisas parecidas, portanto.

Para cada uma das criptomoedas há o que se chama de um *"white paper"*,[31] que faz o papel que as legislações de mercado de capitais brasileira e internacional atribuem ao "prospecto", o documento que exibe todas as informações que um investidor deve saber sobre a companhia na qual vai investir. Os reguladores de mercado de capitais, como a nossa Comissão de Valores Mobiliários (CVM), sempre se preocupam muito com esse documento, um assunto central para a

---

[31] É uma prática legislativa de origem britânica e se refere a documentos, e mesmo projetos de lei, sem coloração partidária, como se fossem as partes incontroversas, ou a arquitetura básica de um assunto, para posteriormente ensejar os debates específicos sobre detalhes.

definição dos riscos que o investidor corre, segundo o ponto de vista da companhia.

Como as criptomoedas não são reguladas, os *white papers* não têm tudo o que um regulador exigiria de um prospecto, tal como normalmente redigido por advogados especializados. Ao se abandonar a burocracia da regulação, vão-se embora também as proteções ao investidor que a regulação deve proporcionar. Se alguma coisa der errado, o investidor não tem nem *a quem* se queixar, nem *de quem* se queixar. É natural, com tanta gente investindo em criptomoedas, que se queira mais regulação focada na proteção ao investidor; vai ser difícil para os sacerdotes do mundo cripto resistirem a esse tipo de demanda.

É certo que "o mercado" enxerga muitas opções no mecanismo, na tecnologia e no conceito das criptomoedas. Por aí se explica o valor de mercado dessas criaturas, mais ou menos como se faz a conta para o valor de empresas de tecnologia, muitas das quais negociadas a valores estratosféricos sem nunca ter tido um resultado positivo em suas demonstrações financeiras.

Entretanto, já existem muitos casos espetaculares de empresas que foram listadas a valores elevados a despeito de mostrarem prejuízos e que, posteriormente, passaram a exibir fluxos de caixa muito robustos e a pagar dividendos atrativos. É claro que o mesmo pode acontecer com várias outras empresas de tecnologia, ou de qualquer outro setor, mesmo muito jovens.

De toda maneira, o "fundamento" para o valor do bitcoin se tornou um dos grandes enigmas financeiros de nosso tempo. O conceito, no início, podia parecer romântico e exótico, mesmo deslocado e descabido, como se passou com as "moedas sociais" brasileiras e os "dinheiros alternativos" existentes em muitos países. Mas o preço de mercado das criptomoedas as coloca em um terreno totalmente novo em relação a qualquer outro experimento semelhante já feito. Como dizer que tudo era um delírio libertário se o movimento pode ser medido em dezenas de bilhões de dólares?

A experiência das criptomoedas gerou muitas ideias sobre como estender seus modelos e inovações para o sistema financeiro *mainstream*, quem sabe trazendo soluções para velhos problemas. Dentre essas se destacou a libra, depois renomeada "diem". A criptomoeda concebida e proposta pelo Facebook não chegou a ir para o ar, a despeito da imensa discussão que provocou, mobilizando reguladores do mundo inteiro.

Não há dúvida de que o interesse nas chamadas CBDCs (sigla em inglês para moedas digitais de bancos centrais) vem da experiência das criptomoedas, e das preocupações com a dominância que as chamadas *big techs* poderiam ter no sistema financeiro uma vez que entrem para valer nesse mundo. Uma tempestade regulatória internacional se abateu sobre o Facebook, mas, em paralelo, muitos bancos centrais mundo afora estão estudando moedas digitais. É bem plausível que continuem analisando o assunto indefinidamente, ou que experimentem com conceitos semelhantes e mais úteis, como foi o caso do Pix no Brasil.

Há muitos pratos no ar, repito, portanto é prematuro falar em lições e imprudente fazer um prognóstico em vista de tantos movimentos de tropas. O Brasil está bem posicionado nessa viagem, no início de uma experiência ampla, com o Pix, um arranjo para pagamentos instantâneos concebido tempos atrás mas que foi adquirindo novos sentidos à medida que a construção avançava, e se tornou uma espécie de síntese e de resultado dessa época rica e confusa.

O fato é que o BCB é o instituidor do Pix, portanto está combinando os papéis de regulador e empreendedor no que tem sido descrito como o fornecimento de uma infraestrutura que o setor privado não seria capaz de construir na velocidade necessária e do jeito certo.

O Pix é um enorme sucesso de público, mas é grátis e é estatal. Isso terá que ser revisitado no futuro. Tudo isso, na verdade, deverá ser revisitado no futuro. E o futuro, como na inconfundível dicção do ex--ministro Pedro Malan, tem por ofício ser incerto.

É provável que tenha ficado ainda mais incerto com todas essas dúvidas que eu levantei, mas isso é boa notícia para você. Fique atento e saiba tirar proveito das oportunidades que vão aparecer, mas desconfie sempre das coisas que chegarem até você por grupos de WhatsApp.

12
Cinco lições de Edmar Bacha

Prezado(a)

Já chegando perto do fim deste nosso diálogo, pensei em lhe mandar uma espécie de resumo, com algumas mensagens cruciais dessa nossa correspondência, mas estava inseguro sobre o formato. Lembrei que tinha preparado um pequeno texto na mesma direção que escrevi para um evento em comemoração ao aniversário de 80 anos de Edmar Bacha, um dos maiores economistas do país, e que tive o privilégio de ter como professor e colega no Departamento de Economia da PUC-Rio por muitos anos.

 O texto não foi escrito como uma carta, mas acabou parecido, pois era para ser uma intervenção de oito minutos numa *live*, por Zoom, na qual vários colegas falariam sobre o trabalho de Edmar e sobre como ele nos iluminou. Essa fala, uma vez transformada em texto, adquiriu muito suavemente o formato epistolar que caracteriza a nossa correspondência, com a vantagem de lhe mostrar um pouco sobre como os Econs tratam os mais velhos na vida real.

Quando chegou o convite para participar da homenagem a Edmar Bacha pelos seus 80 anos, eu estava cumprindo isolamento em casa, confinado ao quarto que um dia foi de minha filha Maria Luisa, nascida quando o câmbio (para 1 dólar) estava em 1.119 reais, e que mora em Londres há alguns anos.

Não podendo sair do quarto, era como se estivesse confinado aos *livros dela*, ou aos *livros que ela tinha deixado para trás*; vários, inclusive, foram presentes meus.

Entre esses estava o clássico *The Making of a Story*, o manual da editora Norton sobre escrita criativa (*Norton Guide to Creative Writing*), 677 páginas de lições sobre boa escrita. Mas a epifania foi descobrir que o livro estava todo anotado, com uma letrinha abaulada de uma leitora interessada que, conforme demonstravam as inscrições, havia trabalhado e absorvido aqueles conceitos.

Ao percorrer aquelas anotações de minha filha, com um misto de curiosidade e empolgação, achei um pequeno tesouro, no capítulo intitulado "The Gift of Not Knowing" [A dádiva de não saber], em que há um *exercício* sobre como trabalhar as tensões decorrentes de pequenos mistérios pessoais. Exatamente do que eu precisava. O conselho era basicamente usar listas, um recurso que se tornou corriqueiro nas redes sociais, sendo que o exercício especificamente proposto era bem simples: "Coisas que aprendi com..." e "Coisas que não aprendi com...".

Guarde essa dica, esse formato serve para inúmeras tarefas.

Pois então, era esse o caminho para o desafio diante de mim, o de falar sobre Edmar Bacha numa assembleia de pessoas inteligentes cuja trajetória profissional tinha sido profundamente iluminada por ele. É um eleitorado difícil, são muitos, e são competitivos e exigentes, como se passa com os bons economistas. Mesmo a vida privada do Econ é marcada pelo signo da concorrência. Me dizem que o mesmo se passa em outras profissões, mas não sei se acredito, a concorrência é assunto muito nosso, assim como o ciúme.

Depois percebi que o desafio era ainda mais complexo, pois vários dos que iam falar prepararam intervenções elaboradas, verdadeiras superproduções, incluindo histórias encantadoras, algumas mesmo extravagantes, e apresentações em PowerPoint com fotos antigas nada menos que espetaculares: Edmar estudante, com cabelos negros como as asas da graúna, sem barba...

Pois então, foi assim que decidi organizar minhas observações sobre a experiência de trabalhar com o Edmar Bacha professor e pesquisador no formato de uma lista de cinco lições. Há muitas outras, e felizmente a minha experiência com o mestre foi além desses momentos tão especiais de 1980 a 1981, que era a parcela que me cabia comentar da rica trajetória de Edmar.

Alguns anos adiante fomos colegas professores, depois colegas altos burocratas, e hoje somos colegas ex-combatentes de muitas coisas. Nosso Dia de São Crispim[32] é o 1º de julho, data oficial do real, Dia de Santo Aarão, irmão de Moisés. Na verdade, essa é a segunda data, pois foi em 28 de fevereiro, com a criação da URV, que de fato foi concebido o real. Por isso 28 de fevereiro é mais importante para nós.

O fato é que, com essa curiosa particularidade – uma reforma monetária em duas etapas –, ficamos com duas datas, e em ambas podemos nos encontrar para exibir orgulhosos nossas cicatrizes de batalha, com o aspecto manso de quem cumpriu seu dever em condições muito difíceis e repetir felizes as mesmas histórias.

Mas a vida continuou, e permanecemos juntos, na ativa, em muitas brigas, mas compartilhando essa doce memória da grande batalha em que vencemos um gigantesco dragão, que devorou muitos guerreiros antes de nós. Temos esse precioso legado a cuidar, e outra agenda de mudanças ainda por fazer, como a abertura, a mãe de todas as reformas – ou a tia solteirona de todas elas –, para a qual ainda temos que trabalhar. O Brasil está sempre incompleto, como você já deve ter percebido.

Mas, no que se segue, vamos tratar apenas de 1980-1981, a época feliz, universitária e esperançosa quando eu era um jovem economista e quan-

---

[32] A data de São Crispim é 25 de outubro, e foi imortalizada por Shakespeare pelo discurso pronunciado por Henrique V pouco logo antes da Batalha de Azincourt, na qual os ingleses venceram os franceses a despeito da grande inferioridade numérica. No discurso, o rei prognostica que a vitória daquele dia será comemorada por muitos anos e irmanará aqueles guerreiros pela eternidade.

do aprendi, ou penso ter aprendido, nunca se sabe, as cinco lições a seguir explicadas em algum detalhe, ficando as outras 995 para outra ocasião.

Lição nº 1: Caprichar no português. Que ninguém se atreva a lhe sugerir que a forma não importa nessa profissão, e que o economês nos condena à incapacidade de comunicação escrita e oral com estilo e graça, ou a anglicismos improvisados e a erros flagrantes de português. É claro que a forma de expressar uma ideia, nesse como em qualquer ofício, é fundamental, como estabeleceu Vinicius de Moraes sobre a beleza das mulheres. Minhas desculpas para quem não gosta ou não sabe escrever direito, mas a qualidade da sua prosa é fundamental.

A boa escrita certamente é capaz de levar os economistas para muito além do que a substância poderia lhes permitir em condições normais. É o lado bom de investir em literatura, ler ficção e aprender com seus mestres.

Além disso, o português pode ser o primeiro contato, que talvez seja bem contundente, com suas próprias limitações. Os corretores ortográficos mudaram um tanto a importância dos erros de português, que sempre foram bons marcadores para a presença de erros mais sérios. Quem tem dois tostões de experiência em corrigir provas sabe bem do que eu estou falando; o aluno que troca um "ç" por "ss" ("excessão" é um clássico), que o professor assinala em cores vivas, de propósito, jamais vem chorar "meio ponto" adicional.

Edmar Bacha é um dos maiores e melhores leitores que conheci na vida. Ele rabisca intensivamente o que quer que lhe caia nas mãos, não perde nada e encontra sempre os ângulos positivos que você não viu no seu texto, bem como vírgulas, acentos e problemas de concordância. Você não acredita no tanto que ele acha de erros seus, e das boas ideias que você teve e nem reparou. Bacha é um leitor implacável, no bom sentido, rigoroso como ninguém, e único na sua capacidade de fazê-lo com prazer e simpatia: ele gosta, não esconde, mas sempre se desculpa pela interferência no texto alheio, lembra que foi revisor na Assembleia Legislativa de Minas, com isso querendo dizer que adquiriu assim uma espécie de deformação na sua juventude. Na verdade,

Figura 10: Edmar Bacha foi eleito em 2016 para a cadeira número 40 da Academia Brasileira de Letras. Quem falou que economistas não sabem escrever? *Foto: Fernando Lemos / Agência O Globo.*

esse tipo de leitor *escreve com você*, acompanha a sua voz e com isso preenche as suas lacunas e percebe os solavancos e soluços do seu raciocínio. É uma felicidade tê-lo como leitor.

Saiba identificar leitores rigorosos que possam acompanhar você ao longo da vida, eles são imprescindíveis.

Lição nº 2: Não perder o humor. Multiplicam-se os relatos sobre as habilidades de Edmar em lidar com situações tensas, seja de natureza intelectual ou pessoal. Há algo muito profundo e revelador aqui: o temperamento e o intelecto são primos-irmãos, talvez mais que isso para os nascidos em Minas Gerais, segundo as alegações dos que ali nasceram. A evidência é convincente, e a experiência de Edmar Bacha, especialmente relevante nesse tópico, como se demonstra a seguir.

Sou testemunha de sua atuação no Parlamento, anos depois, no contexto do Plano Real, assunto que ele relata em detalhes em seu livro mais recente, *No país dos contrastes*. Não queria deixar passar o registro de que diversas vezes o vi cercado por alunos ansiosos, chorando nota na fronteira da insolência. As situações não são muito diferentes. Os parlamentares, todavia, costumam ser mais respeitosos.

Lição nº 3: Como é bom trabalhar com alguém que sabe mais do que você. Esta é uma lição para se carregar pela vida, sua utilização é muito ampla. Trata-se de trabalhar em equipe, de colaboração e da importância relativa de ouvir e falar, coisas que todo mundo deveria saber. Mas é bom repetir, com base na experiência prática. Muitos dirão que é bom trabalhar em equipes com talentos complementares, mas acho que o melhor mesmo é trabalhar com quem sabe mais que nós. Aprender é muito mais fácil que ensinar.

É claro que não são todos os que sabem muito que são bons de colaboração. Há sumidades que não dividem nada com ninguém. Mas Edmar é do tipo que gosta de colaborar com muitos ao mesmo tempo, uma espécie de maestro, ou equilibrista. Ele quer fazer acontecer, pois é um leitor que facilmente se torna o artífice de uma teia de colaborações, um empreendedor de ideias.

Lição nº 4: Como é importante escrever um livro. Minha experiência com Edmar Bacha em 1980 e 1981 está associada intimamente a um projeto intelectual que se desdobrava em ao menos duas vertentes: (i) um livro-texto de macroeconomia (*Introdução à macroeconomia: Uma perspectiva brasileira*, editora Campus, 1982), e (ii) um curso, o de Análise Macroeconômica B, conhecido como Macro B, no qual se usava o livro, ou, mais precisamente, no qual o livro era escrito e testado.

Eu fui o estagiário do projeto, o auxiliar de ensino do curso e carregador de pedra nos assuntos do livro. Meu trabalho: gráficos, tabelas, apêndices, notas de rodapé, listas de exercícios, correção de provas, aulas de revisão, dúvidas dos alunos, serviços diversos, todo o elenco de atividades necessárias para aliviar o Edmar e típicas do proletariado intelectual universitário, tão importantes na formação profissional do economista e na produção acadêmica do economista pesquisador.

Escrever um livro é materializar uma ideia, dar-lhe pernas, ou asas, colocá-la no mundo. Os economistas devem escrever para mexer com as pessoas. Publicar é importante, é executar, transformar abstrações em ações, em material que interfere na realidade, e para bem além do próprio autor.

Anos depois eu fiz parecido, um curso e um livro, *A moeda e a lei*, de que já lhe falei; segui o exemplo. Não é exatamente esse o dever do pesquisador?

É comum se ouvir sobre as virtudes de "bem executar" no esporte e na vida corporativa. São áreas nas quais a teoria não é tão complicada e nas quais se sobressaem os que melhor *executam*. Os dirigentes de empresas são chamados de *executivos*, não é mesmo?

Pois então, no mundo das ideias, não há nada mais importante, em matéria de execução, do que colocar um livro na rua, seja como autor ou organizador, editor ou mentor. É o que o Edmar faz todos os dias pela manhã, quando você nem acordou direito. Por isso, entre outras razões, ele é essencial.

Lição nº 5: É importante ouvir o outro. O projeto intelectual do livro de macroeconomia tinha tudo que ver com a alteridade, com a diversidade e com a democracia, valores em evidência em tempos recentes. Era o encontro perfeito entre o temperamento e o intelecto, repetindo a dupla já mencionada. Pensando um tanto pretensiosamente como historiador de ideias, eu teria a observar que ali, naqueles anos, terminado o mandato do general Ernesto Geisel e estabelecido o programa de abertura lenta e gradual de que se encarregaria o general Figueiredo, desfazia-se a frente única de oposição aos ideólogos da política econômica do governo militar que congregava basicamente todo mundo menos os Chicago Boys e os profissionais ligados a Delfim Netto.

Já lhe falei sobre isso em correspondência anterior. Volto ao tema para sublinhar sua atualidade. Acho que pode ser coisa de gente velha, insistindo na atualidade do passado. Mas, nesse caso, parece-me correto. O início dos anos 1980, na universidade brasileira, assinalou um momento em que as várias escolas de pensamento presentes na frente de oposição deveriam assumir a sua própria identidade. Com a volta da democracia, haveria uma concorrência entre modelos de desenvolvimento e de administração da economia. E logo se apresentou um terrível problema: do lado da esquerda estavam a professora Maria da Conceição Tavares e a Unicamp, postulando a posição de antagonistas primários dos economistas governistas.

Será que havia espaço para outro grupo de economistas também se contrapondo à economia do governo militar? Ou, mais difícil ainda, será que cabia um projeto que tivesse a ousadia de levar a sério os pontos de vista de ambos os lados, e aproveitar o que cada lado tinha de bom?

Bem, foi exatamente nesse espaço intermediário que se localizou o projeto acadêmico do Departamento de Economia da PUC-Rio, do qual Edmar Bacha era um dos maiores expoentes.

É claro que não era nada fácil, os ânimos estavam exaltados. Que ninguém pense que esse assunto de polarização política é novidade, estou me repetindo, eu sei, coisa de velho. Mas o fato é que a PUC-Rio, e nesse barco estava o Edmar, procurou construir uma "terceira via" caracterizada pela excelência acadêmica antes de tudo.

Durante algum tempo o próprio Edmar usou a designação de *neoestruturalista* para se referir ao estilo macro da nova escola, integrada por doutores formados nos Estados Unidos, como ele, portanto afinados com as melhores práticas internacionais mas focados nas coisas do Brasil, suas esquisitices e jabuticabas.

O livro-texto de macroeconomia foi uma expressão desse projeto e foi muito bem-sucedido, teve várias edições e influenciou diversas gerações de economistas brasileiros. A perspectiva brasileira deu muito certo, mas em algum momento era preciso se entrosar com o *mainstream*. Afinal, não existem duas ciências, tampouco várias nacionalidades científicas – uma lição de Lincoln Gordon, o controverso embaixador, de várias cartas atrás, lembra?

Pseudociências são muitas, ciência é uma só.

Naquele tempo mesmo os termos "heterodoxo" e "alternativo" eram relativamente leves e não tinham as conotações pejorativas que ganharam depois do fracasso do Cruzado e do Collor, os planos econômicos mais doloridos. Mas não vamos entrar nesse pântano, queria apenas localizar o esforço de Edmar de dialogar com vários dos *stakeholders* do debate econômico brasileiro daquele momento, notadamente a esquerda e o *mainstream*.

Era encantadora, em 1980-1981, a ideia de uma "síntese" da perspectiva brasileira, qualquer que fosse a designação, e da combinação dos *insights* da sempre única e singular experiência histórica do nosso país com as ferramentas que vinham da teoria convencional. O livro e o curso eram sobre essa tentativa, e talvez nada melhor expresse esse anseio pelo diálogo que a ênfase de Edmar no economista polonês Michal Kalecki.

Não sei dizer onde isso começou, inclusive o divertido detalhe referente à pronúncia, ka-lé-tz-qui, o jeito polonês de falar, segundo se dizia. Anos depois consultei um amigo de origem polonesa sobre esse assunto e o que ouvi me deixou desconfiado. Não parava de pensar em Lobsang Rampa, o monge que de monge não tinha nada. Acho que já lhe falei sobre ele. Há ótimas histórias sobre sua mocidade em Lhasa, mas é tudo ficção. Ka-lé-tz-qui, pois bem.[33]

O fato é que Michal Kalecki se encaixava muito bem em um projeto do tipo "IS-LM nos trópicos", pois sua apresentação do princípio da demanda efetiva era muito algébrica, coisa de engenheiro, portanto muito mais fácil de usar num livro-texto para o ciclo básico da faculdade de Economia. Não tinha importância que Kalecki fosse marxista raiz, no assunto do subconsumismo, ou do princípio da demanda efetiva, não há muita diferença entre ele, Keynes e Rosa Luxemburgo. O problema com os marxistas é que eles não passam daí. Assim, nessa IS-LM brazuca, a IS era marxista, ou kaleckiana, a fim de que a LM ficasse a salvo, a curva

---

[33] Hoje temos recursos que provavelmente não existiam quando Kalecki se tornou popular entre economistas brasileiros, como o site www.pronouncenames.com, que oferece um filmete no YouTube sobre como pronunciar Kalecki, e por aí fica confirmado que é Ka-lé-tz-qui mesmo. No alfabeto fonético internacional, ˈmixau̯ kaˈlɛtski.

de oferta e todo o resto. Assim foi a terceira via em matéria de macroeconomia naqueles anos, uma solução do tipo Tratado de Tordesilhas.

Minhas desculpas pelo palavreado técnico aqui, deixe-me explicar da forma mais fácil do mundo, recorrendo ao relatório do professor Liebfraumilch sobre sua visita aos Econs do Norte. Falamos sobre ele no início de nossa conversa, na carta de número 3. Vale recordar: ele identificou duas castas principais entre os Econs do Norte, os "Micro" e os "Macro", cada qual com seus totens e "*modls*". Ele descreveu cerimônias no interior dessas castas, nas quais os mais velhos tomavam sempre dois gravetos, um em cada mão, e os cruzavam diante dos sacerdotes e iniciados, sem desviar o olhar para a direita nem para a esquerda. Os gravetos da casta "Micro" tinham as letras D (demanda) e O (oferta) e de seu cruzamento resultava o equilíbrio existencial da tribo. Na casta dos "Macros" os gravetos tinham letras diferentes, IS e LM, denotando investimento igual a poupança (IS), e demanda igual a oferta de moeda (LM), tudo igual, dois equilíbrios conjugados para o equilíbrio existencial da tribo.

Michal Kalecki foi leitura obrigatória nos exames da Anpec ao longo de vários anos (os vestibulares para a pós-graduação em Economia), os editores poloneses devem ter ficado muito positivamente surpresos com tanto interesse vindo do Brasil e tantas traduções para o português. Vai entender. Muitas gerações de economistas brasileiros aprenderam macroeconomia com esse modelo híbrido e gráficos muito maneiros bolados pelo Edmar. É claro que, nesse contexto, a pronúncia polonesa de ka-lé-tz-qui foi essencial.

13

Sua missão na vida: Gabriel e a montanha

Excepcionalmente nesta seção vou cometer a indiscrição de reproduzir um par de e-mails que recebi, parte de uma série de mensagens trocadas a propósito de uma carta de recomendação para um ex-aluno meu que finalmente fora aceito em um programa de doutorado no exterior. Tragicamente, todavia, Gabriel Buchmann foi encontrado morto no monte Mulanje, no Maláui, em agosto de 2009, após mais de duas semanas desaparecido. Estava quase no fim de uma longa viagem pelo mundo, uma espécie de treinamento sobre os problemas do planeta, e a semanas do início das aulas no doutorado.

De: Gabriel Buchmann
Enviada em: segunda-feira, 1º de dezembro de 2008, às 06:12
Para: Gustavo Franco
Assunto: do Gabriel Buchmann

Olá, professor,

Tudo bem contigo?

Depois de terminar o mestrado na PUC, diferentemente de meus colegas de turma que foram para o mercado financeiro, resolvi seguir meu coração e ir trabalhar no Centro de Políticas Sociais na FGV com o Marcelo Neri, onde estive por um ano e meio, e agora estou aplicando para o doutorado nos EUA para poder continuar minha pesquisa na área de desenvolvimento e futuramente contribuir na formulação de políticas públicas para redução da pobreza e desigualdade.

Te escrevo agora porque entre os programas de Ph.D. para os quais estou aplicando estão Harvard Economics e Harvard Political Economy and Government, que aceitam quatro cartas de recomendação. Os três professores que estão me recomendando em todo o processo são o Rodrigo Soares, o Marcelo Neri e o Francisco Ferreira.

Gostaria de saber então se você se sentiria confortável em me dar uma carta de recomendação para esses dois programas.

Sei que você não acompanhou minha pesquisa e portanto uma carta sua possa talvez ser considerada pouco informativa. Entretanto, como você me deu uma excelente carta de recomendação na época da Anpec, é ex-aluno de Harvard, e pela sua importância histórica, acho que uma carta sua pode ser um diferencial importante para a realização deste meu sonho de estudar em Harvard.

Espero que esteja tudo bom contigo e que esta crise não tenha te afetado tanto quanto afetou a maioria...

Grande abraço,

Gabriel

P.S. no momento estou em Ürümqi, noroeste da China, perto do Cazaquistão e cidade mais longe do mar do mundo. Estou no meio de uma viagem de 10 meses pelos interiores da Ásia e da África que resolvi fazer antes do doutorado, *to get out of the library and* ver a realidade com meus próprios olhos...

De: Gabriel Buchmann
Enviada em: segunda-feira, 9 de março de 2009, às 04:27
Para: Gustavo Franco
Assunto: do Gabriel Buchmann – Harvard's waiting list

Professor,

Parece que sua carta e de meus demais recomendantes surtiram efeito, pois recebi uma carta de Harvard dizendo que eu estou na fila de espera!

Grande abraço e mais uma vez muito obrigado pela recomendação,

Gabriel

Prezado Gabriel,

Sei que você estava a caminho de seu doutorado, já aceito, e com um destino luminoso pela frente. Escrevo inconformado com o que se passou, antes de tudo para compartilhar a dor de seus amigos e admiradores. Mas meu verdadeiro intuito é outro, eu quis usar esta rara oportunidade de lhe escrever, mesmo sabendo que você não vai ler esta carta, não neste mundo, para prolongar sua estadia entre nós. Na verdade, diante de uma tragédia como esta, a morte brutalmente prematura de um jovem economista, tudo que se pode querer é uma resposta, um desígnio.

Há, em primeiro lugar, e me perdoe a fraqueza, um inconformismo próprio de pessoas mais velhas como eu, talvez meio irracional, ou excessivamente racional, não sei dizer, e que tem a ver com jovens que correm riscos. É um sentimento egoísta de quem quer racionalizar o medo de ver seus filhos seguindo o seu destino: é sempre melhor que eles fiquem quietos na biblioteca estudando do que vê-los escalando montanhas ou subindo morros. É claro que isso não faz sentido, muito menos para você. Pode ser difícil para os pais, mas não foi o que você teve em casa, pois sua mãe o incentivou a seguir seu coração e ir para o campo, como ela explicou na cerimônia em que recebeu em seu nome o prêmio Faz Diferença, em sua sétima edição, dado pelo jornal O Globo no ano de 2010, e emocionou a todos. Os riscos que você resolveu correr eram parte do seu projeto, parte da obra que você nos deixa. E é sobre isso que eu queria lhe falar.

O conceito de "ir a campo", ou de sair da biblioteca para experimentar, ou *fazer* as coisas da economia, não poderia ser mais bem expressado, e não há paradoxo aqui. Gastei muitas cartas falando de bibliotecas, sua importância e seu encanto, sempre com o objetivo de fazer a garotada compreender a suprema importância de acumular "capital humano". Sem isso, nenhum economista vai muito longe. Sei que você há de concordar comigo, pois dedicou um bom pedaço da sua formação às bibliotecas e estava pronto a dedicar ainda mais tempo. Foram elas que o levaram para o coração da África.

Todavia, ninguém como você tornou tão clara a ideia de que "ir a campo" é absolutamente essencial para o nosso sacerdócio. Em uma outra carta lhe falei sobre profissionais que escrevem e os que fazem, mas este seu gesto trouxe essa ideia de "fazer" para um nível completamente diferente. As pessoas parecem ter esquecido o que significa efetivamente se *sacrificar* por uma ideia, e você levou esse desprendimento às últimas consequências. Fazendo contas, seus colegas economistas não poderão deixar de pensar no valor presente do imenso bem que você ia fazer ao longo de sua vida profissional ao exercer a sua profissão desse seu jeito. E também no tamanho do problema que você identificou, um problema comparável ao seu trajeto pelo planeta. E são esses números, para ficar em coisas objetivas, que fazem imensa e poderosa a semente que você plantou: pois agora serão muitos como você. Ou como o Marcelo Neri, que também foi meu aluno, e tinha ideias próprias sobre tudo, sobre a profissão em particular; deu muito trabalho na hora de fazer uma tese que acabou sendo maravilhosa e

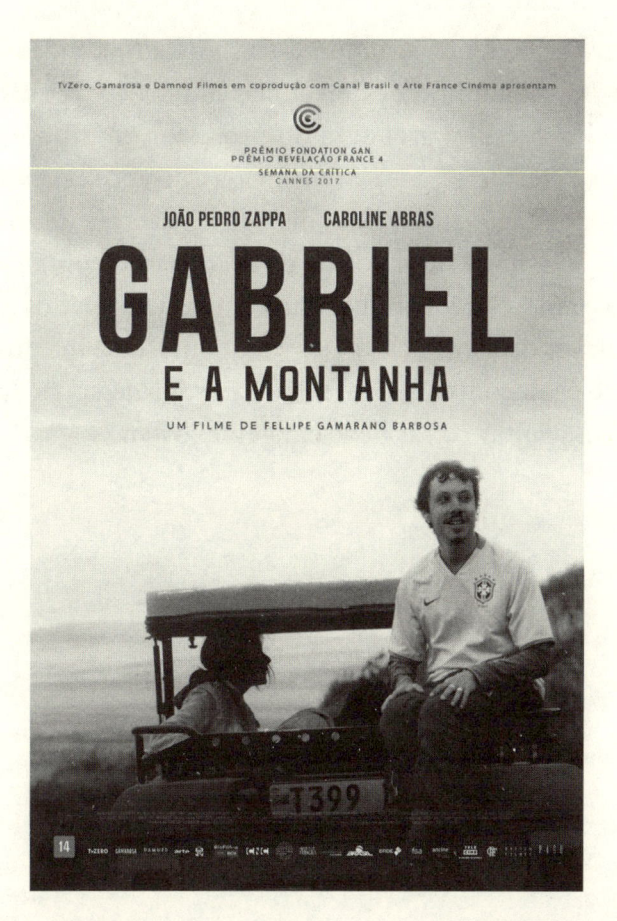

Figura 11: O filme sobre a viagem de Gabriel Buchmann foi premiado em Cannes em 2017. Escrito e dirigido por Fellipe Barbosa, seguiu a jornada de Gabriel pela África, com uma equipe de 16 pessoas e atores amadores a bordo de um *overland truck* (uma espécie de híbrido de caminhão e ônibus). Eles percorreram 7 mil quilômetros e quatro países africanos a fim de reconstituir a experiência de Gabriel. Dois atores – João Pedro Zappa e Caroline Abras, nos papéis principais – interagiram com as pessoas com quem Gabriel realmente esteve em seus últimos momentos. *Imagem: Divulgação.*

por isso mesmo se tornou esse magnífico profissional que coleciona prêmios e é a prova viva de como o economista pode fazer o Bem. Não é coincidência que você tenha ido trabalhar com ele.

Queria muito, com esta carta, e com a sua história, ajudar outros jovens economistas a enxergar esta profissão de uma maneira mais humana e transcendente. Esta era a sua missão na vida. Você já era mestre e estava a caminho de colecionar alunos e viver a sua vida na trajetória deles. É essa a grandeza do professor, conforme escrevi em alguma carta anterior, e é essa a outra vida que você está vivendo agora. É uma realidade que você conhece bem, através de sua mãe, que também é professora. É uma forma de mantermos contato. Sua história inspirou e ainda vai inspirar muita gente, só cabe a nós que ficamos por aqui o dever de continuar o que você começou e lhe proporcionar, aí onde você se encontra, o prazer que nós, professores, temos habitualmente em plantar coisas boas em gente jovem.

Glossário auxiliar

O economês é um idioma vasto, jamais pretenderia esgotá-lo. Segue uma pequena lista de alguns verbetes mais novos ou mais obscuros, com o intuito de ajudar na leitura dessas cartas.

Afrouxamento quantitativo (*quantitative easing*) – Método adotado no hemisfério Norte a partir de 2008 de expansão das operações ativas dos bancos oficiais, sem muita explicação sobre a origem dos recursos.

Agência, problemas de – Quando representante e representado se desentendem.

Almoço – A refeição mais importante do economista, pela simples razão de que nunca é grátis.

Apreciação – Nada que ver com afeto, e sempre com referência a uma mercadoria que tem seu valor elevado. O mesmo que valorização. Usa-se muito para descrever os andamentos da taxa de câmbio.

Assimetria de informação – Situação comercial na qual uma das partes sabe muito mais que a outra sobre o negócio que estão entabulando.

Black swans (cisnes negros) – Expressão consagrada por Nassim Taleb para designar eventos altamente improváveis, tanto que não se imaginava que existissem.

Bolha – Movimentação financeira sem justificativa, sobre a qual os interessados não possuem nenhuma certeza.

Câmaras setoriais – Situação na qual a cadeia de produção define sua própria regulação, inclusive seus impostos.

CBDCs – Sigla para *central bank digital currency*, moedas digitais de bancos centrais, criptomoedas oficiais que existem apenas no papel.

Choque (plano) heterodoxo – Estratégia de combate à inflação com congelamento de preços, política na rua e força bruta.

Conflito de interesses – Situação em que o indivíduo possui duas lealdades não necessariamente conflitantes.

Congelamento (de preços) – Quando o governo estabelece que é proibido elevar os preços.

Contrafactual – Maneira técnica de designar o que poderia ter sido.

Currency board – Sistema monetário pelo qual a moeda legal é emitida apenas em proporção fixa a determinado ativo lastro, seja ouro ou moedas internacionais de reserva.

Curso forçado (curso legal) – Obrigatoriedade de aceitar em pagamento a moeda legal.

Depreciação – Oposto de apreciação, nada que ver com afeto, e diz respeito a uma coisa que perde valor de forma continuada, tipicamente o câmbio, mas não necessariamente regular.

Desvalorização – Termo em desuso, empregado sobretudo na época em que o governo alterava (para baixo) o conteúdo metálico das moedas. Depois de 1933, a designação passou a se referir a mudanças (para baixo) na paridade cambial. Em seguida, anos 1970, o conceito ficou descaracterizado com as "minidesvalorizações" cambiais.

Dívida pública – A expressão nas contas públicas do excesso de sonhos em relação às possibilidades do presente.

Estabilização – Diz respeito aos preços, ou mesmo à ausência de inflação.

Fintech – Designação genérica para empresas de tecnologia que tentam reinventar assuntos financeiros.

Float – Principal fórmula de ganhar dinheiro quando os juros nominais são altos. O resultado no caixa (de bancos, bem como de *fintechs*) decorrente dos diferenciais nos prazos de pagamento e de incidência de indexação entre ativos e passivos, receitas e despesas.

Fundamentos – Leis básicas da economia das quais não se pode discrepar.

Heterodoxia, heterodoxos – Designação para a medicina alternativa no terreno da economia, e seus praticantes.

Hiperinflação – Inflação que supera 50% ao mês, ou que é alta o suficiente para ter efeitos parecidos.

ICO – Sigla em inglês para *initial currency offering* ou *initial coin offering* (oferta de moeda inicial), a venda de "(cripto)moedas" de determinada empresa.

IPO – Sigla em inglês para *initial public offering* (oferta pública inicial), abertura do capital social da empresa para o mercado de ações.

Imposto – Tudo aquilo que não é voluntário, como o nome diz.

Imposto sindical – Tudo aquilo que você é obrigado a pagar ao(s) sindicato(s) da sua profissão, ou da atividade da sua empresa, mesmo que não queira.

Imposto inflacionário – Somatório das perdas no poder aquisitivo do dinheiro em circulação, que se presume idêntico ao ganho do governo, no mesmo período, com senhoriagem.

Jabuti – Contrabando legislativo.

KYC – Sigla em inglês para *know your client* (conheça o seu cliente), o grande mantra das atividades de combate à lavagem de dinheiro.

Lâmina – Folheto com dados básicos de um fundo de investimento.

Metalismo, monetarismo – Designações antigas para a medicina convencional em assuntos monetários.

Ortodoxia (*mainstream*), ortodoxos – Medicina convencional em assuntos de economia e seus praticantes.

NFT – Sigla em inglês para *non-fungible token* (token não fungível), a representação digital de uma coisa de valor e também de coisas sem valor nenhum.

Nova Matriz – Designação dada às políticas macro de Dilma Rousseff.

Pânicos – Quando a existência de uma bolha é verificada.

Papelismo, estruturalismo – Designações antigas para a medicina alternativa em assuntos monetários.

PIB – Sigla para produto interno bruto. É a soma de todo o valor adicionado ao longo de certo tempo. É a principal medida de tamanho e saúde de uma economia.

Poder liberatório – Direito de extinguir obrigação pecuniária por entrega de quantia convencionada de moeda legal.

Populismo – Variedade colérica de miopia econômica aguda.

Portas giratórias – Quando executivos de empresas reguladas se tornam reguladores, ou vice-versa.

Quarentena – Tempo de espera entre dois cargos com conflito de interesses.

Senhoriagem – Receitas que o governo deriva de seu poder de fabricar papel pintado de utilização obrigatória como dinheiro.

Skin in the game – Expressão consagrada por Nassim Taleb para o compromisso com uma tese.

Substituição de importações – Estratégia de desenvolvimento para transformar países em ilhas desertas.

Stablecoins – Criptomoedas com lastro.

Trade-off – Quando é preciso dar uma coisa para ter outra.

Valor adicionado (ou valor agregado) – A diferença entre o todo e a soma das partes.

Valor de mercado (capitalização de mercado, *valuation*) – Valor presente do fluxo de caixa futuro de determinado empreendimento ou ativo.

Y2K – Sigla normalmente usada para designar o "bug do milênio", o crash que nunca houve, uma de muitas previsões tecnológicas disruptivas que não se verificaram.

Para saber mais sobre os títulos e autores da Editora Sextante,
visite o nosso site e siga as nossas redes sociais.
Além de informações sobre os próximos lançamentos,
você terá acesso a conteúdos exclusivos
e poderá participar de promoções e sorteios.

sextante.com.br